¡Salvemos la Familia!

ALBERTO Y NOEMÍ MOTTESI

BETANIA

Betania es un sello de Editorial Caribe
© 1999 EDITORIAL BETANIA
Una división de Thomas Nelson, Inc
Nashville, TN—Miami, FL
Www.editorialcaribe.com
Email: editorial@editorialcaribe.com

ISBN: 0-88113-548-8

Impreso en EE.UU.
Printed in U.S.A.

EN MEMORIA DE:
José y Esther, Pedro y Humildad, nuestros padres.
Ellos nos enseñaron con sus vidas
los sagrados principios de la familia.
Nos comunicaron valores como
honestidad, valentía, palabra de honor,
trabajo arduo, respeto a los demás,
amor a Dios
y tantos otros dones de valor eterno.

EN HONOR DE:
Marcelo y Martín, nuestros hijos,
y sus compañeras Lisa y Jelka,
nuestros mejores amigos.
Alberto y Noemí.

Contenido

Declaración de propósito
de los autores...

- Por cuanto Dios concibió la familia y su propósito sigue siendo bendecir a todas las familias de la tierra, trabajaremos para construir matrimonios felices y de acuerdo a su plan eterno.

- Nuestra determinación provocará una mejor relación entre padres e hijos y nos ayudará a legarles a ellos y al mundo una mejor herencia.

- Sabemos que el propósito de Dios en cuanto al hogar es bendecirnos, así que nos esforzaremos por alcanzar lo que es nuestro.

- Contamos con la presencia de Dios y esto nos garantiza el éxito.

De nuestro corazón

A cada rato Gabriela se arrojaba libre y alegremente a la piscina. Nos sorprendía que, con sus veintidós meses de vida, nuestra preciosa nieta no tuviera temor a las aguas, que para su percepción del mundo debían haberle parecido enormes. Entonces notamos que allí abajo, parada con el agua hasta el torso, estaba Lisa nuestra nuera. No importaba la profundidad de las aguas: allí estaban los brazos fuertes de una madre amorosa que esperaban una y otra vez a la niña, la que sin importarle el peligro se arrojaba continuamente a la piscina.

Aquella experiencia durante las vacaciones de nuestra familia en la bella y ardiente costa mexicana nos hizo reflexionar sobre una profunda necesidad que tenemos todos los seres humanos. Confrontamos un mundo que a veces nos asusta. Un mundo lleno de divorcios, violencia doméstica, traiciones, incesto, engaño matrimonial, abortos, abuso de la niñez, quebranto económico. Muchas veces este mundo nos parece aguas profundas en las cuales podríamos perecer. Necesitamos de brazos fuertes que puedan sostenernos, que frente a la incertidumbre del futuro nos tomen, nos abracen tiernamente y nos sostengan y protejan de todas las vicisitudes críticas de nuestro alrededor.

Este libro lo hemos escrito para asegurarte que sí hay esos brazos fuertes que se extienden para sostenerte en medio de tus problemas, crisis y necesidades.

No hay ninguna razón de que tú o tu familia se hundan en la desilusión, la tristeza y la desesperanza. No hay motivo suficiente para que desperdicies tu vida, que es como una preciosa flor que puede permanecer abierta, brillante y fragante por toda una eternidad. No hay causa tan poderosa que pueda robarte el derecho de ser feliz y tener una familia feliz.

Cuando termines la lectura de este libro, confiamos que una seguridad nueva habrá llegado a tu vida y sentirás que un médico ha curado el quebranto que sientes en ella y en tu casa, y habrá cerrado las heridas que por tanto tiempo estuvieron sangrando. Nuestro anhelo es que sientas sobre tu mejilla el beso más puro que jamás ser humano haya recibido sobre esta tierra, y que un viento de esperanza se meta en tu corazón y en tu familia.

Cuando cierres la última página de este libro, sabrás que has tenido un encuentro con el amigo más maravilloso del universo, que Él te ha sanado, que te ha limpiado y que te ha puesto en una condición de vida que nunca antes habías experimentado. Para entonces tu familia estará conociendo una nueva dimensión de gozo, paz, poder, pureza y perdón.

Nosotros acabamos de cumplir treinta y cinco años de feliz matrimonio. No te estamos escribiendo estas páginas como expertos en consejería familiar. Simplemente las ofrecemos «como un mendigo que dice a otros mendigos dónde se consigue pan». En nuestra propia vida matrimonial hemos tenido momentos difíciles como cualquier otra pareja. Hemos aprendido a pedirnos perdón, a aceptarnos como somos y a recordar siempre el pacto que nos unió. Esto siempre nos ha hecho regresar a seguir «labrando nuestro huerto».

Recuerda que este no es un tratado profundo de asuntos familiares a nivel doctoral. Conocemos varios libros extraordinarios sobre el tema, algunos escritos por amigos nuestros. También hay abundantes obras, pero traducidas desde otros idiomas, lo que implica que fueron escritas desde otras culturas y necesidades.

Nosotros te escribimos como simples esposos y padres. Desde nuestro corazón queremos tocar tu corazón. Y hay varias cosas que queremos destacar.

Primero, deseamos decirte que todos los casos registrados en este libro son reales. Hemos cambiado muchos nombres, fechas y circunstancias para proteger a los inocentes y la privacidad de los afectados.

Segundo, muchos de los testimonios que te relataremos son experiencias en sesiones de consejería en nuestro ministerio *Salvemos la Familia*. Queremos agradecer a nuestra ayudante Soraya García por su continuo ministerio de oración y consejería que ha traído libertad a tantas vidas.

Tercero, queremos expresar otro importante agradecimiento a nuestro amigo el pastor Carlos A. Muñoz, quien con paciencia nos ayudó a poner en orden este material. No solo fue un gran editor, sino que también aportó ideas valiosísimas. Muchas gracias.

En cuarto lugar, nuestra profunda gratitud a nuestra fiel asistente, la señora Nidya Pérez. Ella realizó el arduo trabajo final de pulir el manuscrito y aportó también ideas muy importantes para esta obra.

Hemos producido este libro en un período de tres semanas, una de ellas entre Navidad y Año Nuevo, donde la blancura de la nieve y el profundo frío no fueron suficientes para apagar todo el calor de hogar, la alegría y el amor que vivimos esos días en casa de nuestro hijo mayor en Nueva Jersey.

Con gran entusiasmo te invitamos a caminar con nosotros por estas páginas. No te presentaremos teorías, sino experiencias. Sabemos que si te atreves, tu vida personal y familiar se verá plenamente enriquecida.

Tus amigos,

Alberto y Noemí Mottesi

Sección primera

La familia desde el enfoque de Dios

Capítulo uno

Enemigos de la familia

¡Qué tarde tan hermosa era aquella para jugar al fútbol! El sol de primavera brillaba con todo su esplendor. Al sur estaban las enormes montañas azules, y en medio de ellas, enclavado, un pequeño pueblito en el que se destacaban las torres de una iglesia. Al norte, muy lejanas, se distinguían las cumbres de volcanes que desafiaban a las nubes confundiéndose y perdiéndose en medio de ellas.

La plaza estaba rodeada de cafetales. Los árboles llama del bosque, llenos de sus rojizas flores, parecían encendidos en fuego. Las cigarras, con su ruido monocorde y seco, nos daban su acostumbrada serenata de media tarde.

El partido de fútbol era emocionante. Ya estaba para llegar a su final y ninguno de los dos equipos había logrado hacer un gol. El campeonato vecinal estaba en juego aquel día. Alrededor de la plaza se habían reunido los vecinos de los diferentes pueblos del cantón, y cada uno vitoreaba a su equipo favorito. Las jugadas se sucedían con rapidez casi indescriptible de un lado al otro. De pronto, Benito pasó una pelota en profundidad, hacia el extremo derecho donde jugaba Pepe. Este tomó la pelota, esquivó a dos rivales, quedó cerca de la línea final y desde allí disparó al marco.

Hacer un gol desde ese ángulo era virtualmente imposible. Pero como decían en el pueblo, Pepe tenía una «pata mágica». La pelota se abrió hacia el área de penal, luego hizo una comba hacia la derecha y se ensartó en el ángulo contrario. El portero se quedó parado mirando la trayectoria de aquel balón. Luego miró a Pepe y sonrió. Sabía que solo este hombre podía hacerle un gol así.

El resto de aquel día fue de celebración. Todos estaban contentos y los comentarios giraban alrededor del golazo de Pepe. El más contento de todos era el cantinero, porque estaba haciendo su agosto (conforme a esa nefasta herencia cultural en que parece que nuestros hombres no pueden expresar alegrías, tristezas o emociones si no es al lado de una copa de licor). En la madrugada, como ya venía siendo costumbre, casi arrastrándose, Pepe entró en su casa. Los niños lloraban, no habían comido en el día y se atemorizaban cuando sabían que su papá andaba bajo los efectos del licor. Su esposa, demacrada, preocupada y disimulando su enojo, recibió a Pepe, y casi tuvo que sostenerlo para que llegara a la cama y se acostara. En su corazón sabía que aquella situación no podía continuar. Su paciencia se había acabado, su esperanza había muerto, su amor se marchitaba más rápido que flores viejas puestas al sol, y las promesas de su esposo eran ya como dinero en saco roto.

Pepe, como la mayoría, era un buen hombre, trabajador, inteligente y creativo. Era amable y de muy buenas intenciones. Pero, ¿no dicen por ahí que «de buenas intenciones está empedrado el camino hacia el infierno»? Tristemente, con sus triunfos de futbolista había adquirido el vicio del alcohol. Al parecer, algunos amigos son amigos solo cuando se tiene dinero y fama. Pepe tenía bastantes de estos «amigos», y el hombre que pudo haber llegado a ser un futbolista profesional famoso y respetado se había convertido en un esclavo del vicio. ¡Qué cerca viven el triunfo y la derrota! Da la impresión de que cuando el primero está en casa, el segundo le toca la puerta para perturbarlo.

Un día, como de costumbre, Pepe llegó a su casa con muchas copas consumidas entre la hora de salir del trabajo y su llegada al hogar (¿dijimos «hogar»?). Pero allí no había muebles, no había niños y no había esposa. Pepe buscó, llamó por teléfono, pero nadie sabía de ellos. Parecía que se los había tragado la tierra. La verdad era que su esposa, después de muchas súplicas, muchos ruegos, muchos sacrificios y mucha espera, finalmente había decidido abandonarlo e irse con sus familiares a un país lejano.

Pepe se dio más al vicio, perdió el trabajo, comenzó a pernoctar en las calles, se convirtió en la burla de todos, en perseguido hasta por los perros callejeros. Finalmente, en un hospital público le diagnosticaron dos enfermedades: cirrosis y diabetes. La última vez que supimos de Pepe, le habían amputado las dos piernas que lo hubieran hecho famoso y respetable. Vivía de la caridad pública mientras terminaba sus días en este mundo encerrado en un cuartucho viejo y frío.

¿Conoces de alguien esclavizado por un vicio que haya logrado salirse con la suya? Uno de los problemas más tristes de las víctimas de los vicios es que ellos no lo reconocen, y creen que por sus propias fuerzas podrán dejarlo cuando quieran y finalmente podrán rehacer sus vidas. Nosotros no conocemos a nadie que por su propia naturaleza haya podido salir del atascadero social, moral y físico en el que los vicios sumergen y consumen. Pero sí conocemos a muchos que, esclavos de algún vicio, fueron a nuestras cruzadas, oyeron la Palabra de Dios, le abrieron la puerta de la fe a Jesucristo, y este sí los libró definitivamente. Jesucristo los salvó, salvó su hogar y les dio un sitio de poder y privilegio en su comunidad y en el respeto de la gente.

Rosa y su madre se amaban entrañablemente. Las unían lazos que parecían inquebrantables. Ella era una niña de ocho años, vivaracha, parlanchina y muy cariñosa. Su mamá era una mujer sola, y daba la impresión que el refugio y el consuelo que ambas necesitaban se lo podían suplir mutuamente. Pero la naturaleza no se puede negar. Hay afectos que no los llenan los hijos, ni otros familiares, sino la pareja que Dios nos da. Un día la madre de Rosa se enamoró de un hombre bueno, respetuoso y trabajador, y se casó con él.

Pronto empezaron los problemas. Esta señora, tal vez por los muchos años de soledad que vivió, no supo manejar la distribución del amor a su esposo y a sus hijos. Prácticamente comenzó a rechazar a Rosa, en beneficio de darle amor a su nuevo esposo. Al principio este rechazo no era muy perceptible, pero conforme Rosa crecía era más evidente que su mamá no se ocupaba tanto de su hija como de su esposo. Por eso la niña se encerraba largas horas en su dormitorio, no hablaba con nadie, y trataba con desprecio a su mamá y a su padrastro. Cuando llegó a la adolescencia, su corazón, que debía brillar como una flor en el mejor momento de su vida, perdió el brillo y la lozanía y se marchitó; su mente, que debía absorber conocimiento para la vida, se cerró; sus sentimientos, que debían aprender la más bella de las emociones, el amor, se llenó de amargura y odio.

La niña alimentó un rencor profundo hacia su padrastro, le llegó a odiar intensamente. No podía perdonarle que le hubiese robado el cariño de su madre. Con el tiempo el rencor se convirtió en rebelión. Se vestía con ropas estrafalarias, se hizo promiscua en su relación con los muchachos, no estudiaba y pasaba muchas horas fuera de su casa. Cuando llegó a la escuela secundaria no tuvo problemas para comenzar a usar drogas, todo el andamio de su vida estaba preparado para eso. Con satisfacción irónica, pensaba que así estaba castigando a su madre y haciéndole la vida imposible a su padrastro. No se daba cuenta de que era ella la que se estaba castigando. Hasta ese momento su mamá estaba demasiado enamorada de su nuevo esposo para percatarse de lo que le pasaba a Rosa.

Rosa probó y usó todo tipo de drogas conocidas, pero no consiguió en ellas liberación para su dolor; no le hicieron conocer un mundo mejor, ni la llevaron en viajes de fantasía a tierras de libertad y alegría. Las drogas no eran el remedio, la panacea que lo cura todo. Al contrario, la amargura, el dolor, el odio, el rencor, la sed de venganza contra su padrastro, su madre y ahora contra ella misma se acrecentaron en el aire que cada día respiraba. Pero se sentía impotente para hacer algo definido en contra de ellos.

Comenzó a alentar ideas suicidas. ¡Cuántos miles de adolescentes se suicidan cada año! Ni accidentes, ni enfermedades, ni el mismo SIDA tan peligroso, terminan con la vida de tantos jóvenes como su propia decisión de no seguir viviendo. [1] Cuando un adolescente se halla atrapado en las redes del vicio y reconoce que aquel posible escape de alegría y felicidad no es más que una celda más fría y solitaria, piensa que la única alternativa es la «liberación del sufrimiento por medio de la muerte».

Un día la madre despertó de su sueño romántico e inmediatamente se comunicó con nuestro ministerio *Salvemos la Familia*. La situación se había hecho insostenible. Rosa había querido matarlos. En *Salvemos la Familia* brindamos atención a todos los miembros de aquella familia, se trabajó intensamente en las emociones y en la vida espiritual de la joven. Se ayudó a su madre a establecer un punto de balance en la distribución de sus afectos, incluso el padrastro de Rosa fue apoyado y orientado en su parte dentro del proceso de la aceptación, el cariño y la recuperación de la muchacha. Con alegría podemos decir, que no solo contribuimos a rescatar la vida afectiva de una familia, sino que libramos del vicio a una joven cuyo único destino a corto plazo era la fría tumba de un cementerio. Hoy es una familia que crece en el servicio a su Señor.

Debes entender, amado lector, que los hogares con problemas hacen que los hijos se conviertan en blanco fácil de los distribuidores de drogas. ¡El negocio infame de las drogas es ciego, no tiene principios y

---

1   Es increíble que Japón y Estados Unidos, dos de las naciones más desarrolladas, tienen los índices más altos de suicidios de adolescentes en el mundo. Pero también las naciones de habla hispana, imitadoras más de lo malo que de lo bueno, siguen el rumbo torcido de estas naciones.

busca clientes en cualquier ser humano, de cualquier edad y condición! Los jóvenes atribulados por los problemas del hogar, el rechazo, baja autoestima, malos logros en la escuela, relaciones rotas en la familia, muerte de un ser querido, un romance quebrado, la burla de sus amigos, la presión del grupo social en que se desenvuelven y otros, los hace susceptibles y vulnerables de ser víctimas fácil del terrible y destructor vicio de las drogas. Antes, las drogas eran un flagelo de los barrios marginados en las grandes ciudades. Particularmente en las áreas donde se combinaban la pobreza, la ignorancia, la inmigración campesina y el rechazo social. Pero hoy la droga, igual que las arañas, tiende sus redes en cualquier casa donde las escobas del amor, del respeto, de los principios santos de la Palabra y de la presencia de Dios no alcanzan a barrer y limpiar. ¿Qué clase de hogar es el tuyo? ¿Crees que solo con tu fuerza y tu deseo vas realmente a proteger a tus hijos? Te exhortamos a que consideres a Cristo como la única opción de una vida libre de drogas.

Ricardo era un joven empresario que había prosperado. Tenía una linda esposa y habían decidido que ella se quedara en la casa para velar por sus dos bellos niños. Por las tardes, después de cenar, Ricardo encendía la computadora. Pasaba horas enteras en un pequeño cuartito bajo el influjo de aquel aparato moderno que ya ha cambiado la vida de millones de personas. Su esposa se dedicaba al resto del quehacer, ponía los niños a dormir, leía un rato o miraba televisión. A veces, cansada, se iba a la cama muy temprano.

Mientras la esposa dormía, algo extraño estaba ocurriendo en aquel pequeño cubículo que servía como oficina a Ricardo. Aquel varón prometedor y ambicioso estaba cayendo víctima de un horrible vicio: pornografía por medio de la red informática. Sabía lo que estaba pasando. Estaba consciente de que aquello no era ninguna ayuda para su vida íntima con su esposa; todo lo contrario, era una terrible catapulta que lo iba a lanzar a doscientos kilómetros por hora en los brazos, no de una, sino de muchas otras mujeres que se prestan para esos menesteres.

Saber que uno está mal no corrige nada. ¡Hay que hacer algo! Y Ricardo no lo hizo. Siguió con su vicio. Comenzó a traer toda clase de revistas y videocintas pornográficas a la casa y casi obligó a Alicia, su esposa, a verlas con él. Poco a poco Alicia fue cayendo también en el vicio de la pornografía. Mientras Ricardo estaba en el trabajo, ella pasaba mucho tiempo mirando esa clase de material, y hasta invitaba a un grupo de sus amigas para que lo miraran también.

Un día Ricardo quiso tener una fiesta en su casa. Su esposa accedió alegremente pensando que aquel momento con amigos podría ser más sano que las noches frente al televisor o la computadora, donde ambos estaban destruyéndose con la pornografía. Todavía había en Alicia un hálito de esperanza. Quizás podrían cambiar las cosas y volver a la vida linda de antes.

La fiesta comenzó, normal, tranquila como todas. Pero conforme pasaron las horas, no solo el licor, sino también algunas drogas hicieron su entrada y su efecto en los presentes. De una fiesta común y corriente se pasó a una orgía. Ricardo tuvo que presenciar su obra maestra: ahora era Alicia la que en la misma presencia de su esposo le daba rienda suelta a la lujuria y se entregaba a toda clase de relaciones ilícitas con hombres y mujeres mientras lo miraba con desprecio. Ricardo no podía hacer nada: ¡no tenía fuerza de voluntad para hacerlo!

Al día siguiente, con el corazón atenazado por la culpa de haber inducido a su esposa al adulterio más infame, Ricardo se dio un balazo en la sien. Sucedió allí mismo, en el cubículo donde comenzó la caída,

Dios es el autor del sexo. Él mismo dice en su Palabra que el acto sexual en el matrimonio es honroso (Hebreos 14.4). La sexualidad bien orientada y usada conforme al plan divino es una bendición en cualquier pareja que ama a Dios. Por otro lado, la falta de orientación matrimonial, la ausencia de los principios de vida de la Palabra de Dios, y la ausencia de Jesucristo como Señor del hogar llevan a la mentira sexual. El pecado de la codicia, la lascivia y la lujuria llevan a cientos de hombres y mujeres al adulterio y la fornicación, y cuando el acto sexual solo procura el placer temporal, se convierte en una maldición viciosa. Como en el caso de Ricardo, atrae los mismos olores de la muerte y la condenación eterna.

¡Cuántos Pepes, cuántas Rosas, cuántos Ricardos y cuántos muchos otros desconocidos para nosotros habrá! ¡Cuántos no sabrán que no hay ningún vicio (por fuerte, sabroso, interesante o placentero que sea) que no pueda ser destruido y eliminado de la vida del ser humano! ¡Lo único que hay que hacer es ejercitar la fe y dar cabida al poder regenerador, redentor, limpiador y sanador de Jesucristo!

Pudiéramos inundar las páginas de este libro con cientos de testimonios de vidas de hombres, mujeres, jóvenes y aun niños que han sido liberados de toda clase de vicios como la mentira, la impuntualidad, el chisme, la vanidad, la avaricia, la borrachera, las drogas, la pornografía, la homosexualidad, la ira continua, y muchos otros más. Son personas que tuvieron fe, creyeron, confiaron de manera total y absoluta en la obra perfecta de Cristo en la cruz del Calvario. A muchos los vimos desfilar públicamente por las gradas de los estadios y los gimnasios. A otros los vimos en las iglesias, en los salones de conferencias de hoteles, casas de gobierno, universidades, escuelas, plazas públicas y otros lugares. Y a muchos los hemos visto acudir a nuestras oficinas, de donde han salido con una nueva luz de esperanza, con un nuevo perdón y una victoria en su espíritu, símbolo de la vida nueva que hay en Cristo Jesús.

Tu vicio no es un problema, sino el fruto externo de una realidad interna todavía más triste: el pecado que mora en ti. Pero ese pecado que se arraiga a tu vida y que te hace esclavo tampoco debe ser tu problema, porque Juan el Bautista dijo de Cristo: «He aquí el Cordero de Dios que quita el pecado del mundo».

Capítulo dos

¿Es cierto que todo tiempo pasado fue mejor?

Un día en que Mafalda (la niña de las tiras cómicas) leía los periódicos, al darse cuenta por las noticias de lo mal que estaba el mundo, corrió a una esfera del planeta tierra que había en la biblioteca de su casa, le amarró un pañuclo (como si padeciera de un dolor de muela) y lc puso al lado un vaso con una aspirina. Seguramente tú también sientes la frustración y hasta la casi impotencia de ver cómo nuestro mundo se está desmoronando poco a poco. Y lo más grave y triste de todo es que el daño llega con un impacto violento y destructor al corazón de cada hogar y familia.

La historia del mundo está llena de seres humanos maravillosos en lo profesional, de verdaderos genios en múltiples actividades vocacionales y de multitud de estrellas de los deportes y de los espectáculos. Algunos de ellos se han llevado los mejores premios internacionales que se otorgan en sus respectivas ramas. Otros han dejado marcas por sus logros manuales o artísticos en los grandes palacios y en los mejores museos del mundo. Otros han llenado vitrinas enteras de medallas de oro, trofeos y recortes periodísticos que narran sus grandes hazañas en las canchas o en las pistas. Otros se han convertido en verdaderos ídolos de multitudes que en muchos casos aun después de muertos reciben veneración como semidioses. Pero estos seres humanos, en una inmensa mayoría y por muchas razones, han fracasado como cónyuges, como hijos o como padres. A la par de las crónicas en que se detallan sus éxitos, brillo, premios y trofeos, se escribe de sus divorcios, sus suicidios y sus vicios, así como de la violencia doméstica y la vida convertida en harapos sucios y purulentos que a la postre los han convertido en hazmerreír de la humanidad.

Todo lo que uno pueda hacer en la vida (ya sea a nivel profesional, técnico, vocacional, deportivo o de otra índole) nunca será tan importante como las huellas que uno deje en su propio hogar. Muchos de los personajes a que nos referimos ocupan las primeras planas de los diarios, las revistas y los noticieros de todo el mundo. Ocupan cátedras, sillas presidenciales, laboratorios científicos, quirófanos, bufetes, oficinas de gerencia de alto nivel, estadios deportivos y escenarios famosos. A muchos de ellos nuestra juventud los ha adoptado como ídolos y hasta como modelos dignos de imitación. Sin embargo, son incapaces de vivir la belleza de una vida familiar saturada de amor, estable, fructífera y sensata. No son más que ciegos guías de ciegos. Las consecuencias todos las sabemos.

El mundo de hoy, como dice Mafalda, la niña de las caricaturas, está muy enfermo y hay que sanarlo. No sabemos a ciencia cierta si estuvo antes tan enfermo como lo está ahora. Pero da la impresión de que el mundo es como hielo que se derrite y se nos escurre

de entre las manos. Por supuesto, siempre ha habido
maldad, guerras, rebeliones, y también muchos hechos hermosos y buenos. Pero al parecer todo indica
que en estos últimos días estas cosas han llegado a tal
extremo que causa una sensación de frustración, desesperanza e impotencia en todas las esferas del mundo. Hasta nos queda la falsa impresión, según el dicho
popular, de que «todo tiempo pasado fue mejor».
¿Realmente lo fue?

Los ganadores, los que ejercen el poder, los que
tienen el control de los medios de comunicación, son
los que escriben la historia. Pocas veces hemos conocido en los textos de historia la perspectiva de los per-
dedores. En nuestra amada América Latina
conocemos la historia desde el punto de vista del
hombre blanco que vino a conquistar; que impuso su
cultura, su religión; que abusó dc los hombres esclavi-
zándolos y de las mujeres haciéndolas madres de una
raza mestiza, la mayor parte de las veces alienada y
con corazón y espíritu cabizbajos. Los famosos Archi-
vos de Indias en España están saturados del recuento
histórico escrito por el conquistador y colonizador español. Pero no conocemos la historia escrita por los
aborígenes de estas tierras. Casi nos resistimos a lla-
marlos «indios» porque hasta ese nombre les fue im-
puesto. ¿Qué pensaban ellos del hombre que por la
fuerza o que a cambio de una colección de baratijas
les arrebataba su tierra, sus mujeres y su libertad?
¿Cómo era la cosmovisión de estos hombres aborígenes capaces de construir grandes ciudades, crear ca-
lendarios más precisos que los europeos, que sabían
sembrar e irrigar en grandes terrazas construidas en
las laderas de las montañas? ¿Qué opinión tenían del

hombre blanco? ¿Era un tirano, era un intruso, era un semidiós o era uno más como ellos? ¿Qué pensaban de la cruz, símbolo de una nueva fe, que era impuesta por medio de la espada?

Pensamos también en los esclavos negros arrancados por la fuerza de su patria, de sus estepas y laderas africanas, de sus tribus y de su gente. Fueron injertados brutalmente en la nueva tierra americana, tanto en los países que colonizaron los españoles y portugueses como en los que colonizaron los ingleses, franceses y holandeses. Ellos tampoco pudieron escribir su historia. Desconocemos su perspectiva, aunque reconocemos que nos dejaron un vasto y rico contenido cultural en su expresión religiosa, musical y culinaria que todavía es parte de muchas regiones. Excepto por bellísimas obras escritas en las últimas décadas por autores afroamericanos de los Estados Unidos, como *Raíces* de Alex Halley, es muy poco lo que sabemos acerca del pensamiento y la reacción del negro a la imposición blanca sobre sus vidas y familias. ¡Parecen pueblos sin historia, sin pasado!

La realidad es que nuestro mundo sí estuvo muy enfermo antes y hoy lo está mucho más. Nuestra sociedad está gravemente enferma. Desde la casa de gobierno hasta el más miserable de los techos de paja se padece de la misma afección. Oleadas constantes de maldad, de mentira, de vicios, de abusos y costumbres perniciosas están afectando y convirtiendo en mal crónico lo más sagrado que tenemos en la tierra: el hogar, la familia. Principios y valores que se aceptaban como normas de vida, que no se discutían ni se ponían en entredicho, hoy se ven cuestionados por una nueva generación que ha adoptado una moral relativa y que ha decidido rescatar de las páginas y la curiosidad literaria los mitos del viejo paganismo, que paradójicamente se denomina Nueva Era. Aunque se dice humanista, la Nueva Era destruye la familia, promueve el aborto, fomenta y tolera toda clase de desviaciones sexuales y adora la creación antes que al Creador.

En las páginas de un famoso periódico norteamericano aparece un artículo en que un líder de la nación, reunido con niños de una escuela, les dice unos días antes de celebrar el Día Nacional de Acción de Gracias: «Tenemos que darle gracias a la omnipotente Madre Tierra por todas las bendiciones que nos ha dado. Todo lo que somos y tenemos se lo debemos a ella». Si esto lo hubiera dicho un filósofo del siglo de oro de la cultura griega, lo comprenderíamos como fenómeno histórico concurrente con su época. Pero ¿que a finales del siglo XX un líder nacional, resucite el paganismo y llame «omnipotente Madre Tierra», al planeta lo personalice y le dé atributos de creador y sostenedor de la raza humana? ¡Eso es paganismo puro al mejor estilo de los romanos del primer siglo! Con razón cientos de miles de incautos caen víctimas del negocio televisivo, radiofónico, escrito y telefónico de los astrólogos y adivinos (los llamados «síquicos» y otros estafadores) que en nombre de la vieja religión que adora las estrellas están haciendo su agosto.

Hoy día decir la verdad, ser sincero, ser puntual, respetar a los adultos, respetar la vida o la integridad física de las personas, ser fiel a la esposa, creer en Dios y predicar a Jesucristo se consideran extremismos pertenecientes a una época pasada que no tienen relevancia en el mundo y la sociedad actuales. Un presidente de una nación grande y poderosa miente bajo juramento delante de un jurado federal y una mayoría de la población lo respalda para que no sea depuesto de su cargo. ¿Qué se aduce a su favor? Sencillamente que hay prosperidad en el país, y que ha hecho bien su trabajo. Lo que importa es lo que tenemos y no lo que somos. En otras palabras, «panza llena corazón contento». No importa que haya que pisotear los sagrados principios de la vida, la familia y la nación.

En otro gran país, al otro lado del mar, otro presidente pasa la mayor parte de sus días en una clínica de rehabilitación para alcohólicos, mientras su nación se va hundiendo en garras de mafias profesionales y el comunismo ateo se apresta para volver a tomar el poder.

En un país latinoamericano un ex presidente se marcha al destierro voluntariamente. No quiere que lo juzguen por malversación, nepotismo y muchos otros delitos contra la patria. Por otro lado su hermano está preso por enriquecimiento ilícito y se le investiga por asociarse con carteles de la droga. Asesinan al ex cuñado de estos dos hombres, y se acusa a su propio hermano de encubrir el crimen. Este es arrestado en Estados Unidos con miles de dólares de procedencia dudosa. En ese mismo país, un general del ejército recibe el cargo de máxima autoridad en la lucha contra las drogas. Hoy está preso por haberse descubierto que colaboraba con los grandes carteles de esa región del mundo. Como diría un famoso cómico mexicano en su programa de televisión, ¿qué nos pasa? La cantidad de líderes a quienes se acusa de asesinatos, desapariciones de ciudadanos, corrupción, vidas corrom-

pidas, enriquecimiento ilícito y colaboración con los
carteles de la droga es abrumadora. Hoy a los políticos no se los pone presos por su ideología, como era
costumbre en tiempo de las dictaduras, sino por su
participación corrupta en el nefasto negocio de las
drogas.

Por supuesto que nuestro viejo mundo actual está
muy enfermo. Y los que más lo sufren son los hogares
de cientos de miles de nuestros conciudadanos. Miles
de niños en pandillas llenan las calles de muchas capi-
tales y grandes ciudades del mundo. De esta realidad
no escapamos los habitantes del mundo hispano. Los
homosexuales, desfachatados, orgullosos de su triste
aberración, se tiran a las calles (dicen que para «salir
del guardarropas») a mostrar su mal llamado estilo de
vida. La prostitución juvenil no solo se ve en nuestras
calles, sino que raptan a cientos de niñas para vender-
las en países europeos y asiáticos.

Por favor, entiéndenos. No somos fatalistas. Todo
lo contrario, abrigamos una inmensa fe y una poderosa esperanza. Nuestros pies todavía están aquí abajo,
pero nuestro corazón y nuestra seguridad eterna están «con Dios escondidas en Cristo». Y por estar aquí
abajo, por saber que de alguna manera somos respon-
sables (al menos en la porción del mundo que a nosotros nos corresponde), bajo la gracia de Dios y con
todas las fuerzas de nuestro ser hacemos lo posible
por contribuir a la sanidad del mundo. Sabemos con
total certeza, con toda la convicción de nuestro espíritu, que el final de la historia y el quehacer humanos en
esta tierra será de alegría, de paz, de dicha y de gozo
eternos. Y somos más optimistas aún. Creemos que es
posible en nuestros días trabajar para construir una

nueva generación de hombres y mujeres sanos, bien intencionados, transparentes, seguros, visionarios, honestos, puros y con el poder suficiente para cambiar al mundo.

¿Pero es acaso el mundo un cuerpo con cabeza, pies, manos, tronco, etc. que puede tratarse como un enfermo común y corriente, como pretendía Mafalda? Tú y nosotros sabemos que no es así. ¿Entonces por dónde comenzamos? Créenos: nos sentimos como la ancianita de las tiras cómicas que quiere tejer un suéter y acaba de descubrir que el gato le ha enredado el estambre y no puede comenzar porque no halla la punta. Pero no somos de los que se rinden. Seguimos buscando, creyendo y trabajando.

Ahora ponte cómodo. Relájate y regálanos una buena dosis de tu precioso tiempo para contarte en el próximo capítulo una historia antigua, sí, muy antigua, pero muy pertinente a nuestros días.

Capítulo tres

¡Ese eterno soñador!

La ciudad no era más que un desordenado puñado de casas de barro, un barro rojizo mezclado por los pies, la sangre, el sudor y las lágrimas de cientos de esclavos. Le habían añadido fibras vegetales sacadas del mismo río Éufrates y lo habían secado al calor del ardiente sol del desierto para convertirlo en ladrillos. Desde lejos era muy difícil saber si lo que se miraba era una ciudad, o solamente un puñado de rocas con estructuras geométricas. Casas y naturaleza se confundían entre sí. Alrededor de la ciudad había un muro rústico, también de barro rojo y piedras, resguardado por algunos soldados armados con lanzas y escudos. En la periferia de la aldea había campamentos de pastores y nómadas que se acercaban para hacer comercio y surtirse de los víveres y el agua que les permitirían a ellos, así como a sus ovejas, cabras y camellos, subsistir a las largas jornadas del desierto.

Por las puertas de la ciudad entraban mujeres cargadas de leña para cocer el pan en los hornos y comerciantes de siempre. En las polvorientas calles, niños llenos de ingenuidad y candor jugaban y desparramaban su sudor en minúsculas gotas que se evaporaban en el aire seco de la comarca, mientras sus gritos alegres volaban con el viento y se perdían en la lontananza del desierto.

De vez en cuando un comerciante rico entraba con sus camellos, sus burros y sus rebaños de cabras y ovejas. Alrededor de él se arremolinaban hombres y mujeres, ansiosos de encontrar algo que comprar y que trajera en sí las marcas de tierras lejanas. Por otro lado, los vendedores de dátiles y pasas pregonaban sus productos y hacían gala de la exquisita dulzura de los mismos. Los vendedores de vino y los que traían el trigo para ser molido también se hacían de un lugar en la plaza central de aquella ciudad enclavada en medio del desierto; eran tal vez los que más clientes tenían. Así pasaban los soles de verano, las lunas de invierno, y los años iban sin retorno y sin saber a dónde. Solo el viento del desierto era siempre el mismo, e iba y venía de un lado a otro con su mismo mensaje de nostalgia remota y esperanza futura.

Ur de los Caldeos era una ciudad con muchos años de fundada y por sus puertas habían pasado miles de personas de todas las comarcas y naciones conocidas en aquellas regiones. Enclavada en medio del desierto, cerca de un oasis, era punto obligatorio de parada para las caravanas que conectaban lejanos parajes del oriente con las nacientes civilizaciones del Creciente Fértil.

Taré vivía allí. Era un hombre común, acostumbrado a viajar de un lado a otro con todas sus pertenencias a lomo de camellos, asnos y algunos bueyes. Era un hombre marcado por la tierra, las costumbres y el estilo de vida de la región. Como todos, tenía dioses de arcilla que eran patrimonio de toda la familia. Un día, Taré decidió levantar las estacas de sus tiendas, quitar sus cuerdas, ponerlas en lomos de camellos y partir con su familia a la tierra de Harán, en Canaán. Allí estuvo mucho tiempo con los suyos.

Mas un día su hijo Abram (o Abraham, como se le conoció después) recibió un llamado muy extraño. Abram era un hombre curtido por el desierto, ducho en el trabajo con los rebaños de su padre; pero era un hombre común y corriente de esos lares, lleno de las mismas crisis y miserias, de los mismos dolores y luchas. Como todo ser humano, tenía esperanzas y deseos, sueños y ambiciones. Un día se percató de que alguien a quién no conocía le estaba hablando. Pero ese alguien no era visible. No estaba escondido detrás de ninguna de las estatuillas de los dioses de su padre. No estaba detrás de una roca, ni tampoco detrás de las nubes. Sin embargo, hablaba y conocía a Abram por su nombre. Abram debe haberse preguntado por qué lo llamaba a él. ¿Por qué no llamaba a otro que de antemano conociera? ¿Qué quería de él? Aunque en ese momento no lo sabía, ese ser era el Dios supremo y único, el Creador de los cielos y la tierra.

Dios le dijo a Abram: «Vete de tu tierra y de tu parentela, y de la casa de tu padre, a la tierra que te mostraré. Y haré de ti una nación grande, y te bendeciré, y engrandeceré tu nombre, y serás bendición. Bendeciré a los que te bendijeren, y a los que te maldijeren maldeciré; y *serán benditas en ti todas las familias de la tierra*» (Génesis 12.1-3).

Hasta ese momento Abraham ni siquiera tenía la menor idea de ese Dios. Como todos los habitantes de Ur, lo habían criado bajo el temor de sus dioses paganos. Adoraba ídolos y creía en la expresión autóctona de los dioses de aquellas tierras. Allí había un dios para cada circunstancia de la vida, para cada estación, para cada elemento y hasta para cada persona. Sin embargo, Abraham no puso en duda su visión de Dios y no fue desobediente al llamado celestial. Tomando a su esposa Sarai, a su sobrino Lot y a su familia, marchó en busca de la tierra y la bendición que Dios le había prometido.

De esta historia hay dos cosas que trascienden el tiempo y el relato bíblico, y que irrumpen en el diario devenir de nuestro cansado y viejo mundo. Primero, que Dios quería hacer de Abraham una nación grande (por grande no solo debemos entender su extensión territorial, sino las características sociales, económicas, culturales y profundamente humanas que hacen que los pueblos grandes y nobles lleguen a ser lo que son). Creo que Dios estaba trascendiendo todos los conceptos humanos de nación y grandeza para hablarnos de algo aquí mismo en la tierra que hasta aquel momento, y todavía hasta hoy, nadie había visto. Para que una nación sea grande y puedan ser medidas sus dimensiones con los parámetros de alcance divino, debe tener fundamentos sólidos, estables y apoyados en principios inquebrantables que estén en armonía con el mismo Espíritu que los inspira.

En segundo lugar, Dios le dijo a Abraham: «En ti serán benditas todas las familias de la tierra». Basados en esto, creemos que la segunda cosa importante de lo que Dios le reveló a Abraham es que el fundamento de una sociedad, de una cultura, de un pueblo o nación que se precie de llamarse grande estuvo, está y estará siempre en la familia. Muchos autores han hablado de ello, y en lo que dicen de una manera u otra tienen toda la razón; pero queremos repetirlo una vez más, y lo hacemos con convicción: la base de la sociedad es la familia.

Dios es un visionario, un soñador. Dios no es pesimista y no se baja las mangas dando vuelta en retirada cuando las cosas no salen conforme a sus propósitos. Dios levanta hombres como Abraham, comunes y corrientes, pero con una fe inquebrantable. Son hombres que adoptan la visión divina y se rinden lealmente a ella. Por eso, cuando ya han pasado cuatro milenios desde aquella peregrinación de Abraham y su familia, todavía hoy hay seres humanos que siguen caminando con fe hasta hallar y ver aquello para lo que este patriarca fue llamado. Como el Dios de familias que es, quiere bendecir familias, ganar familias y usar familias.

A veces los creyentes se cansan de esperar la promesa. Muchas veces el pueblo de Israel, descendiente en la carne de este Abraham, quiso desmayar, quiso retirarse del plan y del propósito de Dios. Siempre Dios lo reconvenía y le volvía a recordar y renovar las promesas: «¿No has sabido, no has oído que el Dios eterno es Jehová, el cual creó los confines de la tierra? No desfallece, ni se fatiga con cansancio, y su entendimiento no hay quien lo alcance. Él da esfuerzo al cansado, y multiplica las fuerzas al que no tiene ningunas. Los muchachos se fatigan y se cansan, los jóvenes flaquean y caen; pero los que esperan a Jehová tendrán nuevas fuerzas; levantarán alas como las águilas; correrán, y no se cansarán; caminarán, y no se fatigarán» (Isaías 40.28-31).

La promesa divina se cumple. Todas las familias de la tierra deben ser benditas, como Dios lo prometió a Abraham. Nuestro ministerio está comprometido con este sueño de Dios. Pero la bendición no es automática. Demanda entrega, fe, obediencia, lealtad y servicio. Demanda años para crecer, para cambiar el carácter, para hacer que nuevas raíces crezcan, hagan subir su savia vital, y finalmente las ramas fructifiquen. Y porque la bendición no es automática sino que demanda entrega, fe y trabajo, aquellas familias (que todo lo quieren gratis) se desesperan, se frustran, se enojan y le dan la espalda al Dios que lo prometió. Y cuando se le da la espalda a Dios, la familia cae. En ese momento entran la rebeldía, la desobediencia, la infidelidad, el temor, el machismo, la irreverencia y las desviaciones y todos los males, no modernos sino de siempre, que como una mano de pintura fresca van cubriendo el corazón mismo de la sociedad.

Miles de familias están infectadas con el germen de la rebelión contra Dios. Por eso el diagnóstico de la enfermedad del mundo no se hace a nivel de la sociedad, sino a nivel de las células básicas de ella: el hogar, la familia. Y por decirlo así, después de muchas pruebas de sangre y exámenes de laboratorio, la conclusión es que las células que deberían darle vida al mundo están tomadas y saturadas de un cáncer terrible. Este no obedece a nadie, es rebelde y terco, y va infectando, carcomiendo, destruyendo tejidos, pasando de un órgano a otro, hasta que todo el cuerpo llamado mundo de pronto se halla impregnado de este terrible mal cuya destrucción y olor fétido son presagios de muerte.

Diagnosticar este mal ha sido difícil. Los sociólogos le dan su propio nombre y le llaman rebelión social. Los políticos hacen otro tanto y le dicen revolución. Los economistas le dan también el suyo y lo denominan pésima distribución de bienes. Los educadores lo llaman carencia de conocimientos. Los sicólogos lo denominan fenómenos disfuncionales de la mente. Cada uno de ellos conoce el mal y el remedio desde su perspectiva; pero todo es un fracaso: médicos, diagnósticos y cura. Dios lo diagnostica verazmente y lo llama pecado, precisamente la palabra que todos quieren sacar del diccionario. Es la actitud que todos quieren ocultar, o al menos justificar con definiciones, diagnósticos y remedios de expertos que no dañen al paciente y no ponga ningún sentido de culpa en él.

No vamos a ofrecerte una definición teológica de pecado. Preferimos decírtelo en palabras que entiendas, porque revelan actitudes que todos tenemos o hemos tenido en el pasado. Pecar es hacer uno con su vida lo que quiere, cuando quiere y como quiere. Pecar es querer uno ser Dios.

El problema del pecado hay que resolverlo. No busquemos soluciones a alto nivel. El error más grave de nuestro mundo ha sido querer resolver sus problemas en la sede de las Naciones Unidas o en la Casa Blanca. En su libro *El mundo en llamas,* el Dr. Billy Graham dice: «Las Naciones Unidas no son más que un cúmulo de tratados violados y de pactos rotos». La Casa Blanca no resuelve los problemas del mundo, sino que más bien genera muchos de ellos. Los problemas del mundo no se resuelven fuera de las paredes de tu casa. Es allí, en tu salita humilde, en tu comedor, en tu recámara, donde comienza la solución del malestar mundial.

Hay que buscar un cambio de adentro hacia afuera. Solo así podremos tocar todo el espectro social, cultural, educativo, económico y político y construir la sociedad ideal. Solo así construiremos, no la sociedad que nos tratan de vender los políticos y gobernantes del mundo o que tratan de imponer los productores de Hollywood y las cadenas televisivas, sino la que Dios quiere. Dios ya la está construyendo con un puñado de personas que han decidido pagar el precio de ser distintos y tener hogares que reflejen el mismo sueño de Dios: vivir benditos, para que por ellos sean también benditas todas las familias de la tierra. Esa es la sociedad que Dios le reveló a Abraham, y que se hace realidad bajo el señorío de Jesucristo.

Volviendo a la frase del principio del capítulo anterior, nos preguntamos y te preguntamos: *¿qué clase de huellas estás dejando como padre, como esposo, como esposa, como hijo, como familiar de alguien en tu propia casa?*

Hace muchos años un grupo de científicos encontró las huellas de un gran dinosaurio impresas en una roca de una gran hondonada, en algún lugar del medio oeste de los Estados Unidos. Al lado de aquellas huellas estaban también las de un ser humano. Dos pares de huellas impresas en el mismo lugar. ¿Lo hicieron al mismo tiempo? No lo sabemos. Lo interesante es que aquel dinosaurio y aquel hombre nos dejaron una señal de que aquella remota e inhóspita región hace muchos miles de años vio pasar la vida por encima de ella. ¿Quiénes fueron? No lo sabemos, pero las marcas de su paso están allí.

¿Quedarán huellas de nuestro paso? Puede ser que nuestros nombres no hagan gran eco en los anales de la historia, pero sí pueden quedar guardados con mucho agradecimiento en el recuerdo de tus descendientes. ¿Qué legado vas a dejar a tus nietos, a tus biznietos y a las futuras generaciones? ¿Cuáles son las huellas positivas sanas, incluso eternas, que vas a dejar como sello poderoso de tu paso por la vida? ¿Cómo recordarán tu casa cuando los años hayan pasado y tú ya no estés en este mundo? Es cierto que Abraham no pensó en ti ni en tu casa cuando comenzó a moverse por fe y a marchar según los designios de Dios. Pero Dios sí lo hizo. En su corazón amoroso tú y tu hogar están invitados a ser parte del propósito divino de bendecir a todas las familias de la tierra.

¿Quieres ser parte de esta misión divina? Dice el refrán que «la caridad comienza por casa». Tienes ahora la oportunidad de ser parte de la realización del sueño de Dios. Él quiere bendecir tu familia. Permítenos mostrarte a continuación algunas ideas que te ayudarán a participar en el gran proceso de construcción de familias y matrimonios al estilo de Dios. En tus manos estará la respuesta.

Sección segunda

Cómo construir la felicidad del matrimonio.

Capítulo cuatro

Lo que el hombre espera de su esposa: ¡Lo lograste!

«¡No sirves para nada. Ya me lo decía mi mamá: "Hija, ten cuidado, mira con quién te vas a casar". Con el otro que me prentendía sí que me hubiera ido bien!»

Este es el cuadro doloroso, pero muy real, de millones de matrimonios y familias de hoy. ¡Cuántas expresiones llenas de amargura, odio y resentimiento se lanzan al aire enrarecido de muchos matrimonios! ¡Lo que fue luna de miel para muchos hoy es luna de hiel! Viven bajo un mismo techo, comen en la misma mesa, duermen en la misma cama, pero no son un «hogar». La casa es solamente la estructura material donde las familias viven. El hogar nos habla de fuego, pasión, emoción, amor, afecto, entrega, alegrías, esperanzas, logros y llantos compartidos. El hogar nos habla de vida al mejor estilo de Dios.

Esta tarde los dos nos sentamos a escribir, cada uno a un extremo de la pequeñita mesa de la cocina. Una ventana nos permitía ver hacia afuera, y a la vez nos regalaba la luz que necesitábamos. La nieve acumulada cubría el techo de la casa y los alrededores se veían blancos por todas partes. Sería nuestra primera Navidad tan fría. Tal vez ahora entenderíamos aquella hermosa canción que dice: «Oh blanca Navidad».

Por un momento me detuve, dejé de escribir y miré el rostro hermoso y sereno de Noemí. En lo secreto de mi corazón la amé profundamente y la admiré una vez más. Una expresión vibrante y cálida brotó de mi alma: ¡Lo lograste!

De veras, no exagero. Ahí están las pruebas: los dos hijos con buenas compañeras, los nietos que van creciendo, la presencia de Dios que lo llena todo, la serenidad de la familia frente a la vida, un profundo espíritu de respeto, ayuda y amor mutuo que lo impregna todo. Francamente no sé como expresarlo de otra manera. ¡Lo lograste! ¡Es tu gran triunfo frente a la vida!

Recuerdo que cuando era un muchacho y comenzaba a desarrollar mi ministerio itinerante, bromeaba con Noemí: «Me llaman el evangelista solitario». O le decía un poco más en serio: «¿Por qué no me acompañas en los viajes?»

Me respondía: «Betino, si uno viaja, el otro debe permanecer en el hogar junto a los hijos».

¡Qué razón tenía! Su cuidado solícito y presencia permanente dieron mucho fruto. Hasta llegué a envidiarle la amistad que desarrolló con nuestros hijos.

Por eso, quiero empezar por decirle a mi esposa:

Gracias, Noemí porque fuiste un eje sólido para nuestro hogar

Es verdad que las demandas de hoy hacen necesario el trabajo de la mujer fuera del hogar y su desarrollo profesional es igualmente innegable para mí. Soy un firme defensor del ministerio de la mujer y la igualdad entre los sexos. Pero, por favor, no olvidemos que su tarea suprema está en el hogar, junto a su esposo e hijos. De ella es el don y la misión de proveer a los suyos de una atmósfera de estabilidad, estar segura de la autenticidad y pureza de los amigos, guiar a los niños en la comprensión de la vida y hacer de la casa un centro de paz y bendición. Este es el trabajo más importante que se le ha confiado.

¡Qué tarea tan extraordinaria la de la esposa y madre!

Tu vida, Noemí, me hace recordar los proverbios del sabio Salomón: «Mujer virtuosa, ¿quién la hallará? Porque su estima sobrepasa largamente a la de las piedras preciosas. El corazón de su marido está en ella confiado, y no carecerá de ganancias. Le da ella bien y no mal todos los días de su vida ... Se levantan sus hijos y la llaman bienaventurada; y su marido también la alaba; muchas mujeres hicieron el bien; mas tú sobrepasas a todas. Engañosa es la gracia, y vana la hermosura; la mujer que teme a Jehová, esa será alabada. Dadle del fruto de sus manos, y alábenla en las puertas sus hechos» (Proverbios 31.10-12; 28-31).

Un hombre necesita que su esposa sea un ancla firme para que el hogar no naufrague en las aguas tenebrosas.

Gracias por tu sencillez

Nuestros recursos económicos a veces han sido bastante limitados, especialmente en los primeros años de matrimonio.

Nunca demandaste, nunca envidiaste a otras por lo que tenían, nunca nos endeudaste.

¡Cuántos matrimonios están deshechos por la ambición desmedida! Tarjetas de crédito llenas hasta el tope. Préstamos con diferentes compañías financieras. Tener es la principal prioridad sin importar si en ello va la tranquilidad de la familia. No puedo entender cómo en tantos países tan pobres como los nuestros, tanta gente se engaña a sí misma y hasta destruye su vida familiar por seguir las pautas falsas de una economía consumista. Son el producto de una publicidad planificada para manipular la mente y el impulso de los consumidores.

Una familia que triunfa tiene un control estricto de sus finanzas, y en esto tiene que ver mucho la actitud, la visión y el realismo con que la mujer acepte la vida.

¡Salomón, cuánta falta nos hacen tus proverbios! «Busca lana y lino, y con voluntad trabaja con sus manos. Es como nave de mercader; trae su pan de lejos. Se levanta aun de noche y da comida a su familia y ración a sus criadas. Considera la heredad, y la compra, y planta viña del fruto de sus manos. Ciñe de fuerza sus lomos, y esfuerza sus brazos. Ve que van bien sus negocios; su lámpara no se apaga de noche. Aplica su mano al huso, y sus manos a la rueca. Alarga su mano al pobre, y extiende sus manos al menesteroso. No tiene temor de la nieve por su familia, porque toda su familia está vestida de ropas dobles. Ella se hace tapices; de lino fino y púrpura es su vestido. Su marido es conocido en las puertas, cuando se sienta con los ancianos de la tierra. Hace telas, y vende, y da cintas al mercader. Fuerza y honor son su vestidura» (Proverbios 31.13-25).

Un hombre necesita una esposa cuya pasión no esté en las cosas materiales sino que lo haga todo pensando en la estabilidad económica de su hogar.

Gracias porque creíste en mí y me apoyaste siempre

Lo que pareció broma al comienzo de este capítulo es el pan de todos los días en muchos matrimonios. ¡Cuánta amargura, resentimiento, lágrimas, dolor, falta de perdón y odios se mezclan con el plato de sopa que se sirve en muchas mesas! Hay esposas tan sufridas que no saben si lo que toman es sopa o lágrimas.

Pero también hay mujeres con la capacidad de destruir (o al menos truncar) la vocación de un hombre. La miopía emocional o intelectual, los continuos reclamos y demandas, y las aspiraciones y sueños irreales unidos a la influencia nociva de novelas y películas y la falsa vida que proyectan en las pantallas, hacen que muchas esposas vivan clavando aguijones de falsa esperanza en sus maridos. Y esto no solo ocurre en la vida secular, sino también en el ministerio cristiano. Conozco hombres de Dios que hubieran sido buenos pastores, pero sus esposas les frustraron la vocación. ¡Cuántas mujeres hay como la esposa de Lot, que caminan hacia adelante mientras viven mirando hacia atrás!

¡Qué bendición la mujer que entiende a su marido, lo anima y se une a él para llevar adelante sus aspiraciones legítimas! Cuántos ejemplos preciosos de mujeres que trabajaron y se esforzaron mientras sus esposos hacían una carrera universitaria. Hoy reciben el premio del amor, el reconocimiento y una vida mejor como recompensa de su esperanza.

Siempre digo que sin Noemí, mi vida y el ministerio que Dios nos dio no valdrían nada. Después del Señor, ella juega un papel vital en mi vida y ministerio. Su franqueza, palabra sabia, consejo y silencio oportuno, además de sus oraciones constantes, son los que junto a otros únicos y lindos detalles adornan y le dan sabor y vida a nuestro matrimonio.

La mujer sabia apoya la vocación de su esposo y lo respalda totalmente hasta su realización. Esto es lo que un esposo necesita. Y viceversa, por supuesto.

Gracias por conservarte tan linda

«Ya lo conquisté. Le di los hijos que él quería. Ahora iré al supermercado y cuanto dulce, helado y chocolate halle lo compraré y me lo tragaré. Me voy a desquitar de tanta dieta, trabajos y privaciones». Por lo que se ve, así piensan muchas esposas. Pronto aquella muchachita linda y atractiva que ganó nuestro corazón, nos hacía suspirar y finalmente nos llevó hasta el altar se abandona, pierde energía, pierde deseos, pierde atractivo... y a veces pierde hasta a su marido. ¿Por qué tiene que ser así? ¿No se pueden conservar el atractivo y la belleza del principio?

Me gusta la idea que un amigo y su esposa, compañeros del ministerio, contaron en uno de sus seminarios matrimoniales: «La mejor manera de restaurar una relación caída es hacer memoria y volver a recuperar los días y las actitudes del noviazgo: esto tiene que ver con lo físico, lo emocional y lo espiritual».

¡Es sumamente importante que la mujer siga cuidándose y se mantenga atractiva para su esposo! Hay que cuidar, como dice el famoso escritor Tim La Haye, a los que puedan llegar a decir: «Para qué quiero un Volkswagen en la calle si tengo un Cadillac en la casa». No importa que se hayan casado recientemente o que tengan diez o cuarenta años de matrimonio, siempre debe haber un discreto cuidado personal y un continuo atractivo físico. La modestia no riñe con la belleza; la pureza no se pelea con el atractivo personal. Ninguna otra mujer, sea nuestra vecina, secretaria o compañera de trabajo, podrá ser jamás más atractiva que la «Eva» que Dios nos dio. Pero en esto «Eva» tiene que poner de su parte.

Mientras estaba absorto escribiendo estas letras, alcé la vista y de pronto vi que de los costados del techo caía agua. Era la nieve que el calor de la casa derretía y caía en la tierra en un débil pero continuo hilo de agua.

Esto me hizo pensar que cuando hay verdadero calor de hogar en un matrimonio y en una familia, no hay nieve de indiferencia, de rencor, de falta de perdón, ni de ausencia que pueda helarla. Gracias, Señor, por el calor del hogar. Gracias por tu presencia. Gracias por la familia edificada en ti. Y muchas gracias también por una esposa que ha sabido ser sabia y prudente.

Siento mucha curiosidad por saber lo que ella va a decir de mí. ¿Me acompañas al próximo capítulo para que lo leamos juntos?

Capítulo cinco

Lo que la mujer espera de su esposo

«Esta universidad le confiere este doctorado por su integridad, sólidos principios y...»

Aquella noche memorable para nuestra familia, y en particular para Alberto, el auditorio estaba abarrotado. Te confieso que las demás cosas que el director de la Universidad de Biola expresó a la audiencia sobre el liderazgo y éxitos de mi esposo no fueron tan importantes para mí. Las reconozco en él diariamente. Pero aquellas dos frases, «por su integridad» y «sólidos principios», llenaron mi corazón de una paz tan dulce y de una emoción tan intensa que se tradujeron en un «¡Gracias Señor!» que dije con todas las fuerzas de mi corazón.

¡Qué otra cosa más relevante o deseable pudiera anhelar una mujer que tener a su lado por compañero un hombre íntegro y de principios sólidos!

Está atardeciendo y estamos en la casa de nuestro hijo mayor en Nueva Jersey. Un sabroso calor de hogar nos conforta a todos. Los nietos duermen la siesta mientras nuestros hijos están envueltos en diferentes menesteres. Alberto y yo seguimos escribiendo animadamente este libro que esperamos pueda serte de bendición y así contribuir también a que Dios bendiga en Cristo a todas las familias de la tierra.

Mientras la taza de té caliente sobre la mesa contrasta con el frío casi polar que hay fuera de la casa y el ambiente se llena del tibio aroma del té, me detengo por un momento. Miro el rostro de Alberto, que siempre refleja su intensa pasión por la obra que Dios le ha encomendado. Pero también veo al padre amigo de sus hijos, al esposo amoroso y comprensivo, y ahora al abuelo tierno que comienza a descubrir otra dimensión de la mucha ternura que ya hay en él. Doy gracias a Dios porque sé que soy una mujer dichosa y feliz.

Me pregunto: ¿Qué espera una mujer de su esposo? La respuesta la resumo así y aprovecho para dirigírsela a mi amado esposo:

Gracias porque eres un hombre íntegro

¿Habrá algo más importante para la familia y su seguridad, que la integridad en la vida de un esposo y padre? ¿Qué herencia será la mejor para legar a nuestros hijos? No tengo dudas que la mejor herencia es una vida cuyo testimonio sea digno de imitarse. Y creo que Alberto bien puede decirle a sus hijos, así como el apóstol Pablo dijo: «Sed imitadores de mí, como yo de Cristo». No tengo dudas de que tú estás dejando huellas en tu familia que son dignas de seguir.

Recuerdo que desde que comenzó su ministerio, siendo todavía un joven, siempre decía: «Es preferible ser ingenuo, no importa si un día uno es víctima de la picardía o la mala intención de otros. Pero un cristiano nunca debe tomar ventaja ni aprovecharse de los demás». Y esa es una piedra que marca su camino ministerial.

Dios honró esto. Aun las pruebas más difíciles que tuvimos que pasar se tornaron en bendición porque nunca negoció principios. Fue fiel al Señor y fiel a sus compromisos: «Doy gracias al que me fortaleció, a Cristo Jesús nuestro Señor, porque me tuvo por fiel, poniéndome en el ministerio» (1 Timoteo 1.12).

Una mujer necesita a su lado un hombre «cuyo sí sea sí, y cuyo no sea no». Un hombre que no esconda, que no mienta, que no traicione. Un hombre cuya veracidad, traducida en los grandes y simples hechos diarios de la vida, marque la de los hijos y determine el carácter de ellos. Creo que nuestros hijos pueden decir con orgullo: «Somos lo que somos por el papá que tenemos».

Los típicos «playboys» que se creen poco menos que ganadores de un «Oscar» no sirven como hombres, no funcionan como cabeza de una familia, no son confiables, están absortos en otros menesteres y no tienen ninguna visión de Dios. Un hombre íntegro (cuyo andar sea recto, limpio y seguro), y conste que no digo perfecto, proveerá a los suyos de una bendita atmósfera de paz, seguridad y de la presencia de Dios en el hogar.

Tú provees eso para nosotros, Alberto. «Bienaventurado el varón que no anduvo en consejo de malos, ni estuvo en camino de pecadores, ni en silla de escarnecedores se ha sentado; sino que en la ley de Jehová está su delicia, y en su ley medita de día y de noche» (Salmo 1.1-2).

Gracias porque amas al Señor con todo tu corazón

La seguridad mayor para una mujer y sus hijos es comprender que hay «otro» que ocupa el primer lugar. Y ese solo puede ser Dios. Tú, Alberto, has hecho que el lugar de privilegio, el trono de nuestro hogar, lo ocupe el Señor. En nuestro hogar no hay sitial de honor para nadie más que para nuestro Dios, a quien todos amamos «con todas nuestras fuerzas, con todo nuestro corazón y con toda nuestra mente».

Cuando un hombre ama a Dios tan intensamente como tú, esposo mío, la vida de la familia es como una majestuosa sinfonía. En nuestro hogar hay belleza, armonía, entendimiento, perdón, fe y esperanza. Querer ser el centro (y temo que es el deseo de muchas mujeres egocéntricas) siempre produce amargura en todos; y al final también en ellas mismas. Pero permitir que Jesús y el Espíritu Santo sean el centro de todo y tengan el control produce paz, deleite, gozo, prosperidad, crecimiento y victoria, como tú mismo dices en tus mensajes evangelísticos.

Una mujer se realiza plenamente cuando su compañero ama a Dios con todo su corazón. Cuando los hijos se asoman a la oficina y ven a su papi, su gran papá, orando de rodillas y buscando el rostro de Dios, se llenan de seguridad. Su papá sabe hacia dónde lleva el barco.

«Después oí la voz del Señor, que decía: ¿A quién enviaré, y quién irá por nosotros? Entonces respondí yo: heme aquí, envíame a mí» (Isaías 6.8); «por lo cual ... no fui rebelde a la visión celestial» (Hechos 26.19).

Gracias porque siempre tomas buen cuidado de la familia

Te confieso, querido, que cuando éramos más jóvenes y viajabas tanto yo no estaba del todo muy feliz. Era muy difícil adaptarme a pasar algunos días sin tu presencia amorosa en la casa. Sin embargo, me di cuenta que aunque pasaste mucho tiempo viajando a causa del ministerio, nunca faltaste a los deberes del hogar. Aun los pequeños detalles estaban en tu corazón y nosotros podíamos estar confiados.

Aunque el gasto era mayor, preferías hacer viajes cortos y regresar continuamente a «nuestra base». Tus llamadas telefónicas eran diarias, sin importar dónde estuvieras. En casa o de viaje, siempre estuviste presente y atento a suplir las necesidades de cada uno de nosotros, ya fueran materiales, emocionales, intelectuales o espirituales.

Llegué a hacer mía la expresión de la esposa de Billy Graham cuando en cierta ocasión le preguntaron que si pudiera volver el tiempo atrás, se casaría con un hombre que estuviera siempre en casa, y ella respondió: «Prefiero a Billy medio tiempo, que a otro hombre tiempo completo».

El hombre que una mujer necesita no es solo un «proveedor». Cada mujer necesita un compañero y amigo, un consejero para los hijos y ella, un padre a cabalidad. Un hombre que ilumine la casa con su influencia, que infunda autoridad por sus hechos y que traiga paz por sus convicciones. Un hombre que sepa quebrantarse en sus oraciones y que llene el corazón de su esposa por su romanticismo: «Porque nuestra gloria es esta: el testimonio de nuestra conciencia, que con sencillez y sinceridad de Dios, no con sabiduría humana, sino con la gracia de Dios, nos hemos conducido en el mundo, y mucho más con vosotros» (2 Corintios 1.12).

Gracias, Alberto, por tu ternura

Una mujer necesita que la amen. Cuántas veces antes de partir de viaje dejaste un ramillete de flores o una notita sobre mi mesita de noche con una expresión tan simple como: «Te quiero». Son detalles importantes para la naturaleza femenina, y tú tienes el amor y la habilidad de escoger el momento, la palabra o la actitud ideal cuando lo necesito.

Gracias, porque en medio de las batallas de la vida, que en tu ministerio siempre son enormes, has mantenido la frescura del amor del noviazgo. Y aunque a veces regresas casi sin fuerzas, te encanta ayudarme en los quehaceres de la casa. Gracias, aprecio mucho ese gesto tuyo. También eso es romanticismo.

Ahora pregunto y especialmente a ti, amiga soltera, ¿dónde crees que es posible hallar al compañero ideal para la vida? ¿En el club nocturno? No. Tampoco en las discotecas o lugares semejantes. Un compañero así se encuentra entre el pueblo de Dios. Tal vez me digas que entre cristianos también hay fracasos matrimoniales. Sí, tienes razón, pero en un número infinitamente menor. Busca tu «media naranja» entre los que tienen principios, aman a Dios y son discípulos de Cristo.

Amiga, si eres cristiana y tu esposo no conoce todavía al Señor, no dejes de orar nunca. Pero no te conviertas en la predicadora de tu marido. La Biblia dice que la mujer cristiana gana a su marido inconverso con el silencio. Pero a la vez mostrándole toda la fuerza y poder que hay en el testimonio de la conducta. Una cristiana tiene que ser casta, respetuosa y darse con un espíritu afable y apacible, que es de gran estima delante de Dios.

En otras palabras, querida amiga, tu marido va a aceptar a Cristo por la calidad de vida que reflejes diariamente. Cuando él vea tu alegría, tu paciencia, tu amor, tu entrega, tu fe, tu bondad, tu obediencia y tu gozo, no podrá menos que contagiarse de lo mismo, y querrá tener el Dios que tú tienes. Tu hogar tiene que ser un centro de paz y de alegría. Tiene que ser un santuario para Dios, y un albergue de amor, de descanso y de placer para tu marido.

Gracias, Alberto, porque tanto privada como públicamente, me haces sentir como una reina: «Mi amado es mío, y yo suya; él apacienta entre lirios. Hasta que apunte el día, y huyan las sombras» (Cantares 2.16-17).

Debo confesarte que uno de los grandes secretos del éxito de nuestro matrimonio es saber escucharnos el uno al otro. Creemos que la comunicación buena, honesta, transparente y respetuosa es clave para un matrimonio de éxito.

Gracias, Señor, por el esposo que me has dado y porque en él siempre encuentro el amor y apoyo que necesito.

Capítulo seis

La buena comunicación en el matrimonio

Escucha, mi cielo —dijo Pedro al entrar en la casa—. Cada día cocinas más como tu mamá.

Hubo un silencio sepulcral en la casa. Pedro acabó de cerrar la puerta, pues recién llegaba, muy cansado por cierto, de su trabajo. De pronto las ollas sonaron. Las cucharas volaron, y una voz entre rugidos, gemidos y gritos dijo:

—No te permito que digas nada malo de mi mamá. La manera como ella cocina es de ella y solo de ella. Nadie debe meterse en eso. Además, ¡no te olvides de que la vieja de tu mamá no puede hacer ni un par de huevos fritos!

Una puerta sonó como si alguien hubiera querido dañarla, o dejar una marca territorial, al estilo de los animales. Así le expresaba la esposa a su marido que la discusión estaba terminada.

—Perdóname, mi amor —fue todo lo que él pudo decir—. Fue un mal entendido. No he querido insultar ni a tu mamá ni a ti.

Pero Ester ya no estaba allí para oírlo.

Pedro se quedó totalmente sorprendido. ¿De dónde sacó Ester, su esposa, ese argumento en favor de su mamá? ¿Cuándo y cómo fue que él atacó a su suegra, para que su esposa reaccionara de esa manera? Dicho de otra forma, ¿qué dijo que su esposa lo interpretó como un ataque o una burla contra su suegra? El hecho es que aquella noche, a pesar del sabroso olor que se desprendía de la cocina, en esa casa nadie cenó.

Creemos que has entendido la situación de la casa de Pedro. Este hizo un comentario que tenía toda la intención de ser un cumplido a su esposa. En efecto, la mamá de Ester es una magnífica cocinera. Pedro sinceramente creía que su esposa estaba llegando a la altura culinaria de su mamá. Pero Ester, por razones que no sabemos (tal vez malhumorada, cansada, agobiada por problemas financieros de la familia o una acumulación de varias cosas), oyó lo que Pedro dijo, pero quiso entender otra cosa. Sin dudas, la buena comunicación es uno de los mayores retos en la armonía conyugal y familiar.

La comunicación puede ser verbal, corporal o una combinación de ambas. Aunque en sí no es ni buena ni mala, los comunicadores de acuerdo a sus intenciones, percepciones, ideas, estados de ánimo y otras variantes, hacen que la comunicación bendiga o maldiga. Así que, según se desarrolle, puede bendecir una relación o destruirla. Por eso queremos hablarte de seis principios de comunicación que hemos usado y han bendecido nuestra relación matrimonial y familiar:

1. Es necesario saber escuchar . «El oído que escucha las amonestaciones de la vida, entre los sabios morará» (Proverbios 15.31). Hay una diferencia tan grande entre oír y escuchar como entre seco y mojado. El diccionario de sinónimos dice que oír es «percibir los sonidos, prescindiendo de lo que capten».[1] Por otro lado, de escuchar dice que es «percibir los sonidos e intensificar la atención y el significado de lo que se oye».[2]

En otras palabras, uno de los problemas de la comunicación es que hay gente que oye, pero prescinde de darle atención a lo que ha oído. Igualmente, hay gente que escucha y presta atención a lo oído. En el ejemplo de Pedro y Ester, el problema fue que ella solo oyó. No escuchó. ¡De toda la vergüenza que se hubiera librado si hubiese entendido que las intenciones de Pedro eran alabar su calidad y progreso en el arte de la cocina!

2. Es necesario pensar antes de hablar. «Hay hombres cuyas palabras son como golpes de espada; mas la lengua de los sabios es medicina ... El que tarda en airarse es grande de entendimiento; mas el que es impaciente de espíritu enaltece la necedad» (Proverbios 12.18; 14.29). «Yo preferiría que me golpearas con los puños, antes que me hirieras con tus palabras» dijo una señora a su esposo en una sesión de consejería.

¡Cuántas veces debiera uno morderse la lengua por no decir lo que no se debe! Si estás enojado con tu cónyuge, y tienes que decirle algo, primero piensa. Si aún así no logras calmarte, ve afuera, camina, medita, piensa y al volver di lo que tienes que decir. Si estás muy enojado, cuenta hasta diez, y si no te alcanza sigue contando hasta mil. El asunto es que antes de ha-

---

1   José Zainqui, *Diccionario de Sinónimos Razonados*, Barcelona, 1979.
2   Ibid .

blar, antes de responder, lo mismo a la palabra sabia, cariñosa y adecuada que al insulto, hay que pensar.

Si Ester hubiera pensado lo que le dijo su esposo al entrar en la casa, «otro gallo habría cantado». Habría tomado las palabras de su esposo en su verdadero sentido, no habría tenido que insultar mencionando la poca calidad de la cocina de la madre de Pedro. Pero sobre todo, su autoestima se hubiera elevado a un punto máximo, pues su marido la estaba alabando. Como dice el proverbio, él estaba sanándola con sus palabras, la estaba bendiciendo. Pero ella decidió que la medicina era veneno.

3. ¡Por favor, no hables mucho! «En las muchas palabras no falta pecado; mas el que refrena sus labios es prudente ... Por la bendición de los rectos la ciudad será engrandecida; mas por la boca de los impíos será trastornada. El que carece de entendimiento menosprecia a su prójimo; mas el hombre prudente calla. El que anda en chismes descubre el secreto; mas el de espíritu fiel lo guarda todo ... El que guarda su boca guarda su alma; mas el que mucho abre sus labios tendrá calamidad» (Proverbios 10.19; 11.12-13; 13.3). ¿Has estado al lado de una persona que nunca deja de hablar? Por bonito, interesante y de actualidad que sea el tema, cuando una persona monopoliza el derecho de hablar, enoja a los demás.

Mucho peor es no saber lo que se dice. Si Ester no se hubiera apresurado a hablar en vez de escuchar y pensar, habría entendido que los maridos que dicen cosas lindas a sus esposas las exaltan y las honran en medio de su fragilidad y el ardor de la lucha diaria. Además, en el matrimonio es muy importante aprender a quedarse callado en el momento oportuno, ya sea para escuchar, para no decir lo que no se debe o sencillamente para terminar una discusión. Como dicen, «cuando uno no quiere, dos no pelean».

4. Aprender a ignorar los insultos. «El necio al punto da a conocer su ira; mas el que no hace caso de la injuria es prudente» (Proverbios 12.16). Hace apenas unos días, en una autopista de California, unos hombres bajo el efecto del licor insultaron a un chofer que les rebasó por uno de los carriles de la carretera. Este les devolvió el insulto haciéndoles señas obscenas. Le dieron alcance, lo obligaron a detenerse, lo bajaron del automóvil, lo golpearon y lo lanzaron bajo las ruedas de un enorme camión de carga que pasaba por allí. Murió instantáneamente.

Es muy corriente que la tendencia a defender nuestro orgullo herido nos lleve a devolver los insultos que recibimos con insultos peores. Pero ahí está el efecto de las bolas de nieve que muchas veces arrasan y terminan con los matrimonios y la vida familiar. «Bendecid y no maldigáis», dice la Biblia (Romanos 12.14). Y el apóstol Pablo tiene un pasaje que nos encanta: «Así que si tu enemigo tuviere hambre, dale de comer; si tuviere sed, dale de beber; pues haciendo esto, ascuas de fuego amontonarás sobre su cabeza» (Romanos 12.20). Si lo trasladamos a la esfera de la vida del hogar, de la familia, lo podemos entender y parafrasear de la siguiente manera: «Si tu cónyuge te insulta, bendícelo. Si te vuelve a insultar, bendícelo otra vez, porque haciendo esto le pondrás los cachetes colorados de vergüenza».

Los insultos son como las últimas patadas de un ahogado. La persona que en una discusión hogareña insulta y grita está diciendo: «Ya no tengo más argumentos, no tengo más municiones razonables. Por eso recurro a lo irrazonable y beligerante. Te voy a herir donde te duele para desviar tu atención del foco central del problema, y así ganar tiempo para ver si sigo en la pelea o me retiro...»

En el ejemplo de Pedro y Ester, vemos ambos casos. Él supo ignorar los insultos, no siguió con la discusión; se limitó a razonar lo acontecido y buscarle una explicación. Ester, en cambio, usó el insulto como el recurso del que no tiene argumentos válidos para sostener una comunicación sana y productiva.

5. Es necesario evitar las discusiones. «El que comienza la discordia es como el que suelta las aguas; deja, pues, la contienda, antes que se enrede» (Proverbios 17.14). En los puntos anteriores, indirectamente mencionamos algo de este tema. Ahora bien, ¿cuál es una manera inteligente de evitar las discusiones? La respuesta es que «más vale prevenir que lamentar». ¿No te parece que es más sabio preveer una situación y evitarla que atravesarla para salir golpeados y heridos? Pues ese es nuestro consejo. Una buena comunicación no siempre implica palabras. En ocasiones el silencio habla más alto que muchas palabras. ¿Para qué enfrascarse en una discusión sabiendo que por el momento no va a traer bendición?

La planificación sabia es la manera de evitar las discusiones. ¿No te has dado cuenta que la mayoría de las discusiones o pleitos en el hogar no son por cosas que tienen carácter fundamental en la vida? ¿No es cierto que muchas veces son cosas sin transcendencia las que nos hacen discutir? Planificar es ver con anticipación el futuro. Planificar requiere una gran dosis de disciplina y de optimismo, que pertenece a la familia de la fe. Si el esposo sabe que hay algo de su esposa que no le gusta, o ella quiere que él haga algo, ¿por qué esperar hasta el último momento para decirlo o tratar de comunicarlo? ¿Por qué cuando vamos a mitad del camino es que nos recordamos que dejamos la ensalada de papas que íbamos a llevar a la fiesta? Porque no planificamos. Y eso trae enojo, frustración y las consecuentes discusiones que lanzan al cesto de basura la alegría y la esperanza de la familia.

6. Es necesario traer una palabra oportuna. «El hombre se alegra con la respuesta de su boca; y la palabra a su tiempo, ¡cuán buena es!» (Proverbios 15.23). ¡Cuántas palabras adecuadas en el momento oportuno hubieran podido cambiar la historia del mundo! ¡Cuántas palabras acertivas pudieron haber salvado a un matrimonio de la ruina del divorcio, y a una familia de la destrucción emocional!

¡El secreto no es saber hablar, sino saber qué y cuándo hablar! Muchas veces la palabra oportuna dicha con plena conciencia de querer comunicarnos algo sabiamente, expresada con el deseo de mostrar el amor por encima de los orgullos tontos que nos adornan, ha salvado un matrimonio, ha salvado a un hijo, ha salvado una relación de familia.

Muchas personas creen que las palabras oportunas son las que imponen el silencio, las que rebajan a una persona o las que producen el olor fétido de un insulto que hiere hasta el alma. ¡Pero no es así! Una palabra oportuna puede ser: «Perdóname, mi amor, no lo había visto desde ese punto de vista. Te prometo que lo voy a reconsiderar. Casi es seguro que tengas la razón». Pero también lo es la siguiente: «Lo siento mucho, querida, pero ya he estudiado este asunto al revés y al derecho y no hay manera de hacerlo sino es así. Te pido que confíes en mí. Te aseguro que todo saldrá bien. Sabes que yo no haría algo que dañase a nuestra familia». Las palabras mágicas, si nos permites usar esta expresión, siguen siendo «perdón, lo siento mucho, tienes razón, por favor, voy a hacerlo como dices, gracias por tus palabras», etc. El Pedro de la anécdota pidió perdón. Lamentablemente, Ester no estaba allí para oír la prudente palabra de su marido.

La buena comunicación es un arte. Envuelve, como mínimo a dos personas, y si se pudiera hacer bajo la admonición bíblica de «seguir la verdad en amor», habríamos encontrado la fórmula divina de decir bien las cosas para que sean bien recibidas. ¿Sabes cómo es la verdad en amor? Si hay un esposo al que no le gusta comer cebollas crudas y su esposa se las sirve así, no solo no se las come, sino que va a protestar por ello. Si a él tampoco le gusta sentir el vinagre puro con las papas, y su esposa se lo sirve así, volverá a haber otra discusión. Daría la impresión de que la esposa lo está provocando. Pero si esa esposa es sabia, amorosa y entiende el secreto de «una conducta casta y respetuosa» y le cocina las cebollitas en vinagre diluido con agua y les agrega unas cuantas especias que le den sabor; su esposo no solo se comerá las cebollas, sino que se tomará el vinagre, y lo hará con gusto y agradecimiento. Así es la verdad dicha en amor. Es la que cuando se dice construye, edifica, levanta, corrige, amplía, restaura y forma. Pero la verdad sola puede ser un arma de doble filo, porque puede usarse para atacar, destruir, tumbar, herir y hasta anular totalmente al ser que se debe amar.

La verdad libera. Cuando en las relaciones de una pareja solo se habla la verdad, y esta se dice en la salsa del amor, se cumple la palabra que dice: «Y conoceréis la verdad, y la verdad os hará libres» (Juan 8.32). Hay muchas parejas que están esclavizadas con el contenido, el significado y la intención de las palabras que se dicen. Sin embargo, toda cadena espiritual, emocional y mental se rompe con la verdad.

Jesús dijo:«Yo soy el camino, *la verdad* y la vida». Si Jesús es la verdad, toda palabra y relación de la pareja debe traducirse en verdad, transparencia y vida abundante cuando estamos en Cristo. Esto implica un desborde del amor divino, amor que liberta a la pareja, los une, los transforma cada día más en la misma imagen de Jesucristo, y los acerca a la presencia de Dios, que es la antítesis de los resultados del pecado.

¿Qué estamos proponiendo? Que para que en el matrimonio haya la comunicación armoniosa, fructífera y digna del hogar que en Cristo se quiere tener, debemos seguir el consejo y mandato bíblico: «Por lo cual, desechando la mentira, hablad verdad cada uno con [el otro]; porque [los esposos] somos miembros los unos de los otros» (Efesios 4.25).

Capítulo siete

La vida íntima de la pareja

¿Sabes? ¡Para mí es imposible seguir viviendo en esta situación! —le dijo segura de sí misma al esposo, y continuó—. He tratado por todos los medios de olvidar lo que pasó, pero no puedo. Así que he tomado la determinación de que de ahora en adelante tú duermas en otra habitación. Yo me quedaré en mi recámara matrimonial.

—Pero, mujer... ¡estás loca! —ripostó él enérgicamente— ¿Qué sentido tiene vivir así? ¿Qué va a pensar la gente cuando se entere? ¿Qué van a decir nuestros hijos? ¡Antes de aceptar una humillación de ese tipo, prefiero que me des el divorcio!

—¿Divorcio? —exclamó sorprendida y añadió—. ¡De ninguna manera! ¡Se ve que el loco eres tú! Yo quiero guardar la imagen de un matrimonio bueno. ¿Qué va a decir la gente? Y por los hijos es precisamente que no me divorcio. Arregla tus problemas como puedas que yo arreglaré los míos a mi manera. Eso sí, por la calle iremos tú y yo juntitos, como si nada pasara.

Esta conversación ocurrió hace algunos años en un lugar que conocemos. La historia de esta pareja es larga, pero te la vamos a resumir. Cuando este hombre, un famoso educador, era un joven universitario, tuvo una relación ilícita con una joven del campo (todavía no conocía a la que después fue su esposa). La muchacha quedó embarazada y dio a luz a una hermosa niña. Los padres de la muchacha no permitieron que ella se casara y la mandaron a otro pueblo a vivir con el fruto de su pecado.

Pasaron los años y el joven graduado conoció a esta otra joven con quien se casó. Tuvieron tres hijos. Después de muchos años y por coincidencias de la vida, la esposa se enteró de la aventura que su esposo había tenido años atrás. A partir de ese momento lo condenó y aunque él le pidió perdón y le dio explicaciones, ella decidió desde ese día terminar con todo tipo de relación íntima entre ellos.

No hubo manera de que ella quisiera entender dos cosas. Primero, que este hombre estaba genuinamente arrepentido delante de Dios por lo que fue un pecado de su juventud. Segundo, que este pecado lo había cometido cuando era soltero y ni siquiera conocía a la que después sería su esposa, quien ahora era totalmente intransigente. El matrimonio se deterioró hasta llegar al punto en el que comenzamos este relato. Pasaron muchos años viviendo bajo la apariencia de un matrimonio normal, pero este no existía. El esposo falleció, y allí en el cementerio su esposa le confió a alguien: «¡Estoy feliz, al fin descansé de este monstruo!»

¡Cuántos matrimonios se destruyen por la falta de perdón, de comprensión, y sobre todo por el orgullo y la soberbia de algunos cónyuges que se creen más grandes que Dios! Hay varios factores por los que los matrimonios se deshacen fácilmente, pero tres de ellos son los que más afloran en las salas de consejería: problemas de comunicación, manejo del dinero y la vida sexual de la pareja.

Queremos hablarte en esta parte del libro de la vida sexual de la pareja. Comenzaremos por citar un texto de la Biblia que consideramos aclara cuál debe ser la perspectiva con la que debemos enfrentar cada aspecto de nuestras vidas: «Y que el mismo Dios de paz os santifique por completo; y que todo vuestro ser, espíritu, alma y cuerpo, sea preservado irreprensible para la venida de nuestro Señor Jesucristo» (1 Tesalonicenses 5.23). A través de estas palabras podemos ver que para Dios cada una de estas dimensiones del ser humano reviste una importancia muy particular. Lamentablemente, hay corrientes de pensamiento en la iglesia que tienden a «espiritualizar» toda la vida y miran con desprecio los aspectos normales y naturales de esta, olvidándose que Dios también creó estas dimensiones y que deben santificarse y usarse para su gloria.

Tú y tu cónyuge, bajo la protección y la bendición de Dios, pueden disfrutar todas las experiencias que en la intimidad el mismo Señor les permita. El sexo es una de las fuerzas más poderosas que hay sobre la tierra, y hace que millones de personas giren alrededor de él para maldad. Pero asimismo, debemos reconocer que esa fuerza, cuando se sabe usar dentro de los parámetros de bendición, amor, fidelidad y unidad divina, se convierte en una de las más grandes bendiciones que una pareja puede disfrutar.

Al respecto la Biblia dice: «Bebe el agua de tu misma cisterna, y los raudales de tu propio pozo. ¿Se derramarán tus fuentes por las calles, y tus corrientes de aguas por las plazas? Sean para ti solo, y no para los extraños contigo. Sea bendito tu manantial, y alégrate con la mujer de tu juventud, como cierva amada y graciosa gacela. Sus caricias te satisfagan en todo tiempo, y en su amor recréate siempre. ¿Y por qué, hijo mío, andarás ciego con la mujer ajena, y abrazarás el seno de la extraña? Porque los caminos del hombre están ante los ojos de Jehová, y Él considera todas sus veredas» (Proverbios 5.15-21).

A la luz de este pasaje existen para nosotros cinco principios que son clave en el disfrute de la vida íntima de la pareja:

1. Cada uno tenga su pareja. Tu cisterna se refiere al lugar tuyo, donde se guarda el agua para el consumo de los de tu casa. En sentido figurado, tu sed solo puede calmarse de manera verdadera (y manteniendo tu espíritu, alma y cuerpo irreprensibles delante de Dios) cuando disfrutas de la relación sexual con la pareja que Dios te ha dado. Eso de que «las vacas del vecino se ven más gordas que la mía» es mentira. El vecino dice lo mismo de «tus vacas».

2. El agua debe ser fresca. La rutina hace mucho daño al matrimonio. El romanticismo tiene la virtud de ser innovador. El agua que no corre se contamina y se pudre. Tanto el esposo como la esposa deben hacer lo propio por mantener fluyendo siempre a raudales la frescura de su matrimonio. Esto implica romanticismo, caballerosidad, sorpresas, y mantener el corazón y la mente centrados en el ser que se ama. El agua fresca es también la capacidad de los cónyuges para salirse de la rutina. Mientras tu agua sea fresca nunca padecerás de sed, ni pensarás que el pozo de tu vecino tiene mejor agua.

3. No derrames tus pozos en las calles. Cuando un miembro de la pareja comienza a mirar hacia afuera, es tiempo de hacer un alto en el camino. Es tiempo de hacer un autoexamen, y es tiempo de examinar también la relación matrimonial. Una de las mayores felicidades del diablo es destruir el testimonio del amor, el respeto y la fidelidad matrimonial. El famoso machismo, del que muchos son víctimas, promueve que el hombre pruebe su hombría como si fuera el gallo de un corral. Pero Dios no anda buscando hombres que se rebajen a ser como animales, sino hombres que se parezcan a Jesucristo. Hacer correr tus aguas por las calles como si fueran arroyos solo te traerá dolor, vergüenza, enfermedades y compromisos sociales, legales y financieros que le costarán caro a tu propia familia. En otras palabras, le estás robando a tu cónyuge y a tus hijos el derecho de vivir mucho mejor en todos los órdenes de la vida.

4. Regocijo y satisfacción. Tú y tu cónyuge, pueden regocijarse mutuamente. La frecuencia de la relación íntima de una pareja, dice el apóstol Pablo, está determinada por el hecho de que los esposos solo pueden separarse cuando de mutuo consentimiento deciden orar. Pero de ahí en adelante Dios no legisla en cuanto a tiempo, duración y frecuencia. Esto es del gusto y deseo de la pareja misma, porque esta relación Dios la ha creado para mutuo regocijo. ¡Todo lo que Dios hace es bueno, perfecto y con sentido y propósitos definidos!

5. ¡Cuidado con los desconocidos! ¡Cuidado con los que parecen que son muy bien conocidos! ¡Cuántas veces en nuestras sesiones de consejería nos dimos cuenta de que la comadre no sabía quién era realmente el compadre! ¡Cuántas veces la secretaria, haciendo las veces de un mesías, creyó que iba a salvar a ese pobre hombre (su jefe) de las garras de esa mala mujer que tiene por esposa! La infidelidad conyugal no es un acto que se define de un día para el otro, pues como toda relación, requiere tiempo. Es necesario que ambos miembros de la pareja mantengan ojos, oídos y corazón abiertos. Al menor síntoma de descomposición en el matrimonio se debe ir en busca de consejería. No dejen que el diablo destruya lo que tanto amor, lágrimas, sacrificio y entrega costó construir.

Si tu matrimonio no está caminando bien en este sentido, no reclames, no insultes, ni te enojes, ni dejes que el sol se ponga sobre tu enojo. Recuerda que Dios es un Dios de restauración, de amor y de misericordia. Hay mucho material escrito y grabado muy bueno que habla sobre técnicas y procedimientos en las relaciones sexuales. No es la intención de este capítulo tocar ese punto, sino recordarte que el sexo también lo concibió Dios para el disfrute con tu pareja.

Son muchos los matrimonios que hemos visto restaurados en este importante aspecto de la vida. Es mucho el amor y la misericordia que hemos visto derramada por parte de Dios. Uno debería tener como lema: «Puedo perderlo todo, menos mi matrimonio». Nuestra relación de intimidad conyugal no solo nos afecta a nosotros como pareja. Cualquier cosa que nos suceda repercutirá en nuestros hijos.

Sección tercera

La relación entre padres e hijos

Capítulo ocho

Padres convertidos
a sus hijos

A sus cuarenta y siete años de edad, Octavio creía que era un ser inservible. Difícilmente miraba a la cara cuando alguien le hablaba, y se sentía totalmente inseguro estando en público. En su casa, en presencia de sus hermanos (nunca se casó) era todo lo contrario: hablador, parlanchín, bromista y también tremendamente desbocado cuando se trataba de insultar, ganar una discusión o probar un punto de vista. Si llegaban visitas a la casa, salía sigilosamente de la sala, se refugiaba en su habitación y allí se encerraba hasta que las visitas se fueran.

Era un hombre muy inteligente y un buen lector. Para sus sobrinos era el «tío sabio». Tenía habilidades artísticas y talentos muy variados que en su familia todos reconocían. Sin embargo, él mismo no podía darse crédito en ninguna de estas cosas. ¿Qué estaba pasando con este hombre que reunía muy buenos elementos para ser un triunfador, y sin embargo prefería aislarse y vivir como un derrotado?

Sergio era otro caso. Era sumamente precoz y pequeño de estatura, pero muy hábil para practicar deportes. Sus compañeros lo llamaban «el pequeño gigante» por su espíritu, su fuerza y su empeño por sobresalir en todo, menos en los estudios. Comenzó por escaparse de la escuela y después se unió a un grupo de muchachos, muy jóvenes por cierto, que usaban drogas. Se afilió a una pandilla y, como bautizo, le encomendaron a Sergio la tarea de disparar con una pistola a un pandillero rival.

Pasó el resto de su adolescencia en la cárcel. Allí su corazón se endureció, se llenó de odio y rencor. Un tremendo deseo de venganza hizo nido en su pecho juvenil. Pasaron los años y el muchacho fue puesto en libertad. Un amigo nuestro acompañó a la madre de Sergio a recogerlo a la salida de la prisión juvenil. Cuando la madre del joven pandillero lo vio salir, corrió emocionada a abrazarlo. Él se quedó de pie, firme, con los brazos caídos y pegados a los costados de su cuerpo. No abrazó a su madre.

Nuestro amigo estableció una buena relación de amistad con Sergio, y un día le preguntó:

—Sergio, ¿por qué el día que fuimos a recogerte, cuando saliste de la cárcel, no quisiste abrazar a tu mamá?

Sin vacilar, el muchacho respondió:

—No es que no quise abrazarla. Me habría gustado mucho hacerlo. Es que yo no sé cómo se abraza a una mamá...

Se interrumpió y después continuó entre sollozos:

—Ella nunca me ha abrazado a mí...

Te hemos presentado solo dos casos, de los muchos que conocemos. Algunos son el producto de nuestro propio ministerio de consejería; otros son testimonios que nos han contado algunos compañeros nuestros.

Octavio tenía muy bajo concepto de sí mismo. Por eso se le veía alienado y retirado en un rincón de la vida esperando que los años pasaran. No tenía ni futuro, ni esposa, ni hijos. Sus sonrisas y payasadas solo buscaban la aprobación temporal de los suyos, pero sin fruto ni satisfacción propia.

Sergio quería responder al amor, pero no sabía cómo. Cierto día confesó: «Cada vez que golpeaba a un muchacho, incluso cuando le di un balazo y maté a uno de ellos, muy dentro de mi corazón estaba golpeando y matando a mi propio papá».

Elena tenía solamente trece años, pero cuando uno la miraba en la calle, aparentaba mucha más edad. Asistía regularmente a la escuela, en donde se desempeñaba muy bien. Sabía que era una chica muy bonita y atractiva. Ahora que su cuerpo de niña iba dejando atrás las marcas de la niñez, y comenzaban a formarse curvas y señales de mujer, empezó a vestirse y a maquillarse casi como una adulta. Su mamá tomaba el asunto a la ligera sin darle mayor importancia. Su papá estaba demasiado ocupado en su trabajo, en la iglesia, en los deportes y en todas esas cosas que los hombres creen que son muy importantes. No había ni la menor brizna de tiempo para Elenita, como él llamaba a su hija.

Los muchachos mayores comenzaron a acercarse a la niña-mujer. La cortejaban, le decían palabras bonitas e incluso la invitaban a salir con ellos. La niña, como es típico de su edad, comenzó a creerse el centro de atracción del mundo.

Al cabo de unos meses, Elenita comenzó a esconderse de sus amigos y de sus padres. Pasaba largas horas encerrada en su dormitorio y se notaba que una terrible preocupación la estaba consumiendo poco a poco. Su madre, frívola, indiferente y más preocupada por los últimos capítulos de la novela de televisión, no pasaba de darle ciertos regaños. Pero el tiempo pasaba, y los meses fueron transcurriendo hasta que fue imposible ocultarlo. La niña estaba embarazada.

¡Entonces sí! ¡Comenzaron los gritos al cielo, la rasgadura de ropas, y sobre todo los golpes, los regaños y los insultos a la niña que, de todos ellos, era la más confundida! Y ¡qué fácil fue la solución que le dieron al caso! Sin el consentimiento del padre, la mamá de Elenita la llevó a una clínica de abortos y allí, malévolamente, asesinaron el fruto de aquel joven vientre.

Ser padre es ser muy parecido a Dios. Dios en su misma esencia de amor es Padre. Él es el Padre de nuestro Señor Jesucristo. Él es el Padre adoptivo de millones de hombres y mujeres que por la fe han creído en el nombre de Jesucristo y se han ganado el derecho de ser llamados hijos de Dios. Dios no abandona a sus hijos, porque ser padre no es solo concebir, parir y criar a los hijos. Si ser padre o madre fuera solo eso, no seríamos diferentes de las cucarachas o los ratones. Sacaríamos camada tras camada de muchachos, y los enviaríamos al mundo para que se rifaran la vida por ellos mismos aunque no estuvieran listos todavía.

La paternidad es una de las funciones más importantes que un ser humano puede desempeñar aquí en la tierra. Por medio de la paternidad se perpetúan las enseñanzas, los valores, los principios y fundamentos básicos para vivir y triunfar en la sociedad. Su propósito más alto es criar hijos que Dios pueda adoptar como suyos y que lleguen a parecerse a Jesucristo.

¿De qué manera estamos criando a nuestros hijos? Más de un sesenta por ciento de lo que un ser humano llega a ser lo aprende por la preciosa ósmosis del ejemplo de sus padres. ¿Qué tal es nuestro ejemplo? ¿Qué tan seguido nos aparecen los Octavios, los Sergios y las Elenas que pululan en nuestras calles y están revirtiendo la imagen de la cultura, la educación y de los buenos principios? El hecho de que en muchas casas haya altares y santos (o Biblias y gente religiosa) no es señal de que Dios está en esa casa. No necesariamente es señal de que allí crean en el Dios verdadero. El gran pecado de nuestra época es vivir proclamando con la boca que se cree en Dios y mostrar con los hechos que en la práctica se es ateo. Hay cientos de hogares donde los padres tienen que convertirse o entregarse a Dios y a sus hijos; y donde los hijos también tienen que convertirse o entregarse a Dios y a sus padres. Hasta donde sepamos, el activismo religioso jamás ha cambiado radical y eternamente la vida de nadie. Tal vez ha puesto un barniz de transformación externa, ¡pero no un cambio total!

Octavio es el producto de su propio hogar. Es un hombre con un nivel de autoestima bajísimo que anda buscando el reconocimiento, el afecto y la seguridad que no supieron darle sus padres. ¿Cuántas veces habrá oído la famosa frase: «¡Quítate, inútil! ¿No te das cuenta que no sirves para nada?» O esta otra: «¡Imbécil, aprende de tu hermano! ¡Él sí puede, pero tú eres un incapaz!» Muchos de nuestros hijos, como Octavio, seguramente dirán: «Papá, prefiero que me golpees. Las cicatrices físicas pueden desaparecer; pero lo que me dices me produce heridas que se me clavan en el alma y me marcan para siempre».

Sergio es también el resultado de un hogar con problemas. El padre, un vicioso del salón de juego y la

cantina, es el típico «macho» que provee manuten-
ción, pero hasta allí llega su compromiso. Demanda
entrega de su esposa, pero no es capaz de dar nada a
cambio. La madre tampoco recibió afecto de sus padres, tampoco lo recibe de su marido, y por lo mismo
no sabe darlo a sus hijos. ¿Cuántas veces llegaría Sergio a su casa, emocionado, alegre y contento porque
había hecho algo bueno en la escuela y su padre lo recibió con indiferencia; y su madre, sumamente ocupada, solo supo manifestar la frialdad de siempre?
¿Podíamos esperar de Sergio que se convirtiera en
una catarata de amor, afectos y entrega? ¡De ninguna
manera! Pero cuando Sergio se fue a la pandilla, encontró afecto, identidad, preocupación, lealtad, entrega y hasta calor familiar. ¡Es increíble que
muchachos delincuentes (que matan y destruyen sin
pensarlo dos veces) hallen en la pandilla el calor que
deberían hallar en sus casas.

¿Y qué de Elenita? Ella no es diferente a Octavio
y Sergio. Tiene igualmente un padre muy ocupado,
responsable en cuanto a la provisión, cariñoso de palabras, pero alejado físicamente. Demasiadas horas
en la oficina, mucho trabajo extra y mucha política y
relaciones públicas, pero muy poco tiempo para el
hogar. Elenita, la madre y las hermanitas estaban ca-
rentes de la figura masculina que ama, enseña, dirige,
y que con su presencia deja el sello de la seguridad
marcado en cada uno de los suyos. A la vez, la madre
es el tipo de mujer que piensa en lo frívolo, en lo pasa-
jero, en lo externo. Le preocupa mucho el qué dirán,
pero no sabe sembrar para después cosechar bien. Por
eso los dos cosecharon el fruto que merecían. Es una
ley de la vida: lo que uno siembra eso cosechará.

Algunos pensarán que hablamos con pesimismo. Sin embargo, porque somos muy optimistas y nos movemos en un ámbito de profunda fe y convicciones, declaramos con el profeta de Dios: «He aquí, yo os envío al profeta Elías antes que venga el día del Señor, [día] grande y terrible. El hará volver el corazón de los padres hacia los hijos, y el corazón de los hijos hacia los padres, no sea que venga yo y hiera la tierra con maldición» (Malaquías 4.5-6, LBA). Este es el versículo lema del Ministerio Salvemos la Familia. Sus palabras nos permiten caminar con fe y optimismo en medio del fango y la podredumbre del mundo que nos rodea, sabiendo que es posible realizar el milagro de un mundo nuevo. No nos quejamos del fango, ni nos molestamos por lo nauseabundo de lo que está podrido en el mundo. Sencillamente lo vemos, lo entendemos, ejercemos nuestra fe y trabajamos al lado de Dios.

Ese es nuestro secreto. Estamos convencidos de que la educación es vital y cumple una gran función en la sociedad, y que la sicología ayuda a hacer ajustes en la personalidad y temperamento de los individuos. Pero el único que puede hacer que una persona vuelva a comenzar, que haga un «borrón y cuenta nueva» es Dios. Gracias a eso, poco a poco vamos viendo hogares realmente transformados por el poder y la sangre de Jesucristo. Por la gracia de Dios, hemos visto hogares con problemas convertidos en hogares benditos y que dejan huellas saludables, hogares donde se ejerce la paternidad al estilo de Dios.

Por supuesto, ser padre al estilo de Dios no es fácil; pero la paternidad verdaderamente efectiva comienza cuando el ser humano reconoce en Dios a un padre perfecto, amoroso y con un propósito maravilloso para la vida. ¿Como se alcanza? Primero hay que convertirse a Dios. Hay que volverse a Dios. Cuando uno conoce a Dios como Padre, está en el mejor camino de llegar a ser un buen padre también. Hay que abandonar el materialismo en que nos trata de sumergir constantemente la sociedad en que vivimos. Hay que levantar la vista, y decir como aquel muchacho que apacentaba cerdos en una chacra lejana: «¡Cuántos de los trabajadores de mi padre tienen pan de sobra, pero yo aquí perezco de hambre! Me levantaré e iré a mi padre, y le diré: Padre, he pecado contra el cielo y ante ti; ya no soy digno de ser llamado hijo tuyo; hazme como uno de tus trabajadores. Y levantándose, fue a su padre. Y cuando todavía estaba lejos, su padre lo vio, y sintió compasión, y corrió, se echó sobre su cuello y lo besó» (Lucas 15.17-20, LBA).

Llegará el día en la historia de la humanidad cuando toda esta lacra que nos invade desde el mismo infierno se va a acabar. Los padres se volverán a los hijos, y los hijos se volverán a los padres. Será señal del gran avivamiento que ha de venir sobre toda la tierra. Dios va a restaurar la familia, Dios va a unir la familia, Dios le va a devolver su propósito, su función y su calidad. Dios va a hacer aquello para lo que separó y envió a Abraham. *Va a bendecir en él a todas las familias de la tierra*; porque las familias benditas hacen naciones benditas y poderosas.

¿Estará tu familia entre las que serán benditas? ¿Tendrás el privilegio como padre o madre de oír que tus hijos te alaban y bendicen por tu ejemplo, tu fe, tu amor, tu participación en sus vidas y tu conversión o entrega a ellos? ¿O serás como los de Sergio, a los que el joven pandillero mataba con saña, odio y venganza cuando hería o mataba a una de sus víctimas?

Capítulo nueve

Hijos convertidos a sus padres

El pueblito era un lugar chico, rodeado de granjas, sembradíos de arroz y pastizales para el ganado. La mayoría de sus habitantes vivían de la agricultura. Sin embargo ya habían pasado los años de la ingenuidad en que todos se conocían, se saludaban y se ayudaban mutuamente. El candor de la vida campesina ya no era el mismo. El bombardeo masivo de los medios de comunicación había creado un nuevo estilo de vida. Antes la palabra del cura del pueblo era palabra santa para todos, pero la autoridad de la palabra se le había entregado a Hollywood, a la televisión, a la radio, a las fotonovelas. Se había producido toda una invasión de conceptos que nada tenían que ver con la realidad y sencillez de los hombres que regaban semilla en el campo, ni de sus mujeres, madres ejemplares cuya fe sostenía el hogar y lo hacía crecer a la luz del temor de Dios.

La invasión de conceptos, valores, modas y estilos estaba permeando las aparentemente impenetrables capas de los principios y la vida sana de los hogares. El pueblito campesino no dejó de ser una esmeralda sembrada en medio de las montañas, regado por un hermoso río; pero su gente comenzó a ver la vida con filtros de otros colores. La liviandad de los valores, el decaimiento de la santidad matrimonial, los vicios, las madres solteras, la prostitución y los abortos comenzaron a ser parte del pan que se comía en la mesa del diario vivir de ese lugar.

En ese pequeño poblado campesino, vivía Susana con su mamá. Esta última, que ya empezaba a pintar canas, era una madre soltera. Tenía dos hijas y un varón. Cada uno de ellos provenía de un padre distinto. Aunque la familia tenía una parcela de tierra, que el muchacho de la casa se encargaba de sembrar y mantener, el producto que se obtenía no era suficiente para sostener a la familia.

La madre de Susana decidió comerciar con su cuerpo. El desfile de hombres que pasaban por allí hasta en el día, especialmente en los fines de semana, se convirtió en la comidilla de las vecinas. Y lo peor era la situación extremadamente enfermiza que se vivía en aquella casa. Por alguna razón, que aun después de tantos años todavía no entendemos, la madre de Susana obligaba a las dos hermanas a presenciar los actos obscenos que ella y sus clientes llevaban a cabo. Esto marcó a Susana. Estas fueron sus clases de educación sexual. Este fue su concepto de todo el proceso de reproducción.

Un día esta señora fue a una fiesta con sus hijas. Las dos chicas eran muy atractivas, pero Susana, a sus hermosos dieciocho años, llamaba poderosamente la atención de todo el que la miraba. No muy alta de estatura, era de cara blanca, ojos profundamente negros, pelo rizado, una boca hermosamente contorneada y dientes blancos y bien formados. Su apariencia se asemejaba a la de una estatua de una diosa griega.

En la fiesta estaba Rogelio, un hombre que le doblaba la edad a Susana. Era rico, casado, con dos hijas. Con ese maldito complejo del macho que cree que tie-

ne derecho a todo y a todas, se acercó a la linda joven-
cita, le declaró desde cuánto tiempo atrás la admira-
ba, y hasta le dijo la mentira de que se había
enamorado de ella. La chica, una muchacha buena
gracias a los principios que le había impartido su
abuela, no se dejó impresionar por la palabrería men-
tirosa de aquel hombre.

Pero la madre, que miraba desde lejos, urdió un
plan mezquino. Invitó a aquel hombre a visitar su casa
para que se relacionara más con Susana. Esta, que estaba enamorada de un muchacho joven y bueno, se
vio obligada a tratar primeramente como amiga, y al
cabo de un tiempo como novia, a aquel monstruo llamado Rogelio, quien visitaba continuamente la casa.
La perversa madre le insistía a Susana que se entrega-
ra a los instintos malévolos de aquel hombre.

La linda chica, al igual que una flor cuando se corta, se fue marchitando. Su belleza física no podía opa-
car su tristeza interior. El dolor de verse convertida en
un instrumento en las manos de su madre la había secado por dentro. Las chismosas del barrio la llevaban
de un lado al otro con sus lenguas venenosas.

Un día, con la ayuda de su abuelita, Susana se re-
beló y cortó sus relaciones con Rogelio. Tan pronto
pudo, le pidió ayuda al muchacho, que todavía la amaba y al que ella también amaba con locura. Cuando su
madre supo que su hija ya no iba a cumplir con los ca-
prichos ambiciosos de su corazón arruinado por el pecado, pronunció una tremenda maldición contra Susana. Los dos jóvenes tuvieron que huir del pueblo. Se
fueron a la gran ciudad y después de vivir allí por muchos años, se casaron y emigraron a los Estados Unidos.

Pasaron muchos años. Susana y su esposo conocieron de una manera íntima y personal a Jesucristo.
Todos los elementos para una nueva vida estaban da-
dos en aquella hermosa pareja y los tres bellos hijitos
que Dios les había dado. Se convirtieron en fieles ser-
vidores de Cristo en su congregación local. Educaron
y formaron a sus hijos en los fundamentos de la Palabra de Dios, e incluso recibieron la bendición de vivir,
no como ricos, pero sí holgadamente.

Un día la madre de Susana, ya una anciana de pelo
totalmente blanco, también se convirtió a Cristo. Para
ella «las cosas viejas pasaron, todas fueron hechas
nuevas». Allá, en su propio país, se comprometió con
la iglesia, puso su propio negocio de venta de víveres,
y vivió una vida digna de una hija de Dios, de acuerdo
con la luz que había recibido y la percepción que tenía
del evangelio.

Algunos años después, cuando los hijos de Susana
ya eran adultos, invitaron a la abuelita a pasar una
temporada con su hija en su nueva patria del norte.
Tras la llegada de la abuela, Susana comenzó a sentir
un tremendo rechazo por su mamá. A veces quería
echarla de la casa. Otras, quería gritarle e insultarla.
La mayor parte de las veces le hablaba con un tono de
voz de esos que golpean el corazón. «¡Hija!», tuvo que
decirle la madre, «me hablas como si me odiaras. Yo
soy cristiana. Cristo me ha perdonado y me ha limpiado de todo mi pasado».

La voz de Susana se apagó. Solo las lágrimas se
atrevieron a aparecer y rodar por las mejillas de la
hermosa señora. Entendió que aunque había recibido
la salvación, aunque sus pecados estaban perdonados
y la sangre preciosa de Cristo había limpiado su vida,

un tremendo rencor había hecho nido en ella y allí se empollaban los recuerdos, las heridas, los dolores, las privaciones y las humillaciones que había recibido de su madre. Tenía la dicha de contar con su esposo, quien había pasado junto a ella horas enteras de oración, años de paciencia y esfuerzos por entender lo que pasaba, y quien con profundo amor la respaldaba.

Decidió buscar el consejo sabio de su pastor. Este y su esposa la guiaron a hacer tres cosas: perdonar a su mamá aunque esta no estuviera arrepentida o pretendiera que no recordaba lo que había pasado; perdonarse a sí misma el que a pesar de la obra de la cruz en ella sintiera tanto rencor y tanto deseo de vengarse de su madre; y pedirle perdón a Dios por no dejar que los efectos positivos de la sangre de Cristo se impusieran a su falta de amor y su autocompasión.

Con ese bagaje, pero con la libertad que Dios da a sus hijos que le creen, Susana confrontó a su mamá. El Espíritu de Dios actuó en la anciana, quien reconoció el daño que le había hecho a su hija, a su esposo y a sus nietos. Les pidió perdón por haberles causado tanto dolor y, así como había pronunciado una maldición sobre su hija, esta vez los bendijo.

La relación de Susana con su mamá comenzó a ser una verdadera relación de madre e hija aun en esos años tardíos. Susana se había convertido a su mamá, y otra vez la Palabra de Dios se había hecho real en la vida de un ser humano.

Para muchos hijos es difícil entender que lo que Dios dice está por encima de los conceptos modernos en autoridad sobre el comportamiento humano. Sin embargo, las Sagradas Escrituras son el manual del fabricante divino, y están por encima de las leyes de los hombres. Sus principios, mandamientos y promesas tienen vigencia eterna. ¿Sabías, a la luz de lo que acabamos de decir, que el único mandamiento que lleva una promesa implícita dice: «Honra a tu padre y a tu madre, que es el primer mandamiento con promesa; para que te vaya bien y seas de larga vida sobre la tierra»? (Efesios 6.2-3). ¡Qué alegría! Dios dice que un principio sencillo, que se puede vivir gratuitamente todos los días a la sombra de tu hogar, es la solución a esas dos grandes necesidades humanas: «Honrar al papá y honrar a la mamá». ¡Podemos así alcanzar dos de los más grandes sueños de todo ser humano: que nos vaya bien, y vivir muchos años aquí en el mundo!

Si nos acercamos al diccionario de sinónimos y buscamos las palabras «honra» y «honrar», encontraremos las siguientes definiciones: «HONRA: Fama, gloria, reputación, renombre, distinción, honor»; «HONRAR: Condecorar, encumbrar, ensalzar, encomiar, ennoblecer, enaltecer, favorecer, distinguir, venerar, reverenciar, respetar».[1] Ahí te dejamos esas definiciones. Medita, piensa, ajusta y actúa.

---

1 Saénz de Robles, Federico, Diccionario Español de Sinónimos y Antónimos, Aguilar, España, 1973.

Capítulo diez

Cómo criar hijos sanos en un mundo enfermo

Carlos, con apenas cinco años de edad, ya andaba con su padre en las faenas del día. La mañana estaba muy fría en aquel potrero en las faldas de la montaña. La niebla se levantaba y apenas la tierra se despertaba de una noche helada y oscura. El violento río, que arrastraba muchas piedras, era el testigo efectivo de la tormenta de la noche anterior. Esa mañana había que arrear las vacas hasta el lugar donde las ordeñaban. Además, era necesario reparar una cerca de alambres que la noche anterior un toro había roto para pasarse al potrero del vecino.

—¡Carlos! —le gritó su padre como era su costumbre—. Vete al cajón de las herramientas y tráeme las pinzas de cortar alambre.

Carlos era de pequeña estatura, tímido y retraído. Andaba descalzo y con pantalones cortos. Sentía un gran respeto y amor por su padre, y un tremendo deseo de complacerlo corría continuamente por sus venas. Fue donde estaba la caja de herramientas, tomó una y se la llevó al padre. Cuando vio la herramienta que el hijo le llevaba, montó en cólera. El rostro se le puso rojo como un tomate, los ojos le brillaron de ira, y su voz se alzó por sobre las faldas de aquella montaña como un trueno que presagia lluvia.

—¡Mocoso estúpido! —vociferó—. ¿Hasta cuándo tendré que soportar tus animaladas? ¿No te das cuenta que esta no es una pinza para cortar alambre? ¡Quítate, baboso! ¡Animal! ¡Nunca has servido para nada! ¡Fíjate en tu hermano! Aprende de él. Él sí sirve, él sí puede... él... él... él...!

Y el eco de ese «él» que se perdía en la montaña, entre las hondonadas y cañadas del campo, fue todo lo que el pequeño Carlos oyó aquella fría mañana de un diciembre de hace muchos, muchos años.

El tiempo pasaba inexorablemente (en realidad, no era el tiempo lo que pasaba: era la vida de Carlos la que pasaba en medio del tiempo). Su hermano crecía en cuanto al favor de sus abuelos, tíos y padres. Su hermanita menor había sido la primera niña, la primera nieta y la primera sobrina en el hogar. Y Carlos, como un sándwich, vivía encerrado en medio de sus hermanos en la incertidumbre, la timidez, el miedo al fracaso y la autodestrucción mental. En él se estaba dando el típico síndrome del hijo segundo, sin afecto, sin atención, encerrado entre dos paredes: sus hermanos, que lo recibían todo.

Pasaron muchos años y Carlos creció (bueno, no mucho). Contra todos los pronósticos de su padre, se graduó en una universidad y comenzó su vida profesional y también matrimonial con bastante estabilidad. Un día, Carlos y su esposa tuvieron un encuentro personal con Jesucristo, y una nueva relación de amor, de servicio y de esperanza vino a ponerle un sentido completamente diferente a sus vidas. Tiempo después, Carlos y su esposa supieron que Dios los estaba llamando para que ministraran su Palabra. Obedientes al mandato divino, se prepararon, crecieron y comenzaron su ministerio.

Cuando Carlos era un hombre de más o menos cuarenta años, alguien le regaló un perro bóxer. Por su tamaño y fuerza, el bóxer es un animal que no puede estar dentro de la casa (al menos no todo el tiempo), y mi amigo Carlos, el pastor, decidió construirle una casa. Tomó un martillo, una sierra, clavos, madera, todo lo necesario para que su bóxer tuviera un lugar cómodo donde vivir. Cuando llegó al sitio designado para construir su proyecto, le pareció escuchar una voz que venía de muy adentro de su vida. Eran sus recuerdos y dolores: «¡Mocoso estúpido! ¿Hasta cuando tendré que soportar tus animaladas? ¿No te das cuenta que esta no es una pinza para cortar alambre? ¡Quítate, baboso! ¡Animal! ¡Estúpido! ¡Nunca has servido para nada! ¡Fíjate en tu hermano, aprende de él. Él sí sirve, él sí puede… él... él... él...!»

¡Eran las mismas palabras de su padre! Carlos, una vez más, como lo había hecho casi toda su vida, creyó aquel mensaje. «Si papá dice que no puedo, que no sirvo, que soy estúpido... ¿entonces, para qué intentarlo?» Guardó las herramientas, guardó la madera, y por mucho tiempo el perro se quedó sin casa.

Pero esta vez Carlos no se quedó con la espina clavada en su corazón. Llamó a un amigo suyo, pastor y sicólogo, y le contó lo que le había sucedido con lo de la casa del perro. El sicólogo le dijo: «Lo que ocurre es que alguien, en alguna época de tu vida, posiblemente en la niñez temprana, te dijo esas palabras. Tú las creíste y actuaste conforme a ellas porque venían de alguien que para ti tenía mucha autoridad. Esas palabras están grabadas en tu subconsciente de tal forma que cada vez que vas a hacer algo material, una especie de grabadora se te enciende automáticamente. Cada vez que tomas una herramienta, te vuelve a repetir el mensaje, lo vuelves a creer, y finalmente actúas conforme a esas palabras».

Fue una tremenda revelación para Carlos. Ya sabía de donde venían tantos fracasos en el aspecto material. También ya sabía por qué se había dedicado tanto a los estudios. No era que quería progresar mucho en el campo académico, sino que estaba huyendo, lo más lejos que podía, de la influencia, voz y autoridad de su padre.

Para un niño, los padres tienen autoridad, estatura y admiración. Lo que el padre dice, el niño lo cree. Si un padre le dice a un niño de cuatro años: «Soy más fuerte que Supermán», el niño no solo lo cree, sino que corre a proclamar la buena nueva a sus amiguitos. Pero si ese padre le dice cosas negativas, insultos, palabras soeces, el niño no corre a sus amiguitos con la noticia. Tal vez no se refugie en su dormitorio a llorar, pero no hay duda de que dentro de su espíritu irá cavando un escondite, y allí guardará todo lo que de él se dice. Allí podrá pasar desapercibido muchos años, pero tarde o temprano, ¡la bomba explotará! Los padres podemos abrir la boca para crear vida o para destruirla. Lo que los padres dicen a sus hijos los marca para siempre. Con razón dice la Escritura que «la muerte y la vida están en poder de la lengua».

Autoestima es el concepto que uno tiene de uno mismo, es lo que nos han enseñado a creer que somos. Hay dos clases de autoestima: una autoestima positiva o alta, si la persona tiene buen concepto de sí mismo; o una negativa o baja, si es todo lo contrario. No nacemos con ninguno de los dos tipos de autoestima. Nacemos con un temperamento dado que heredamos de nuestros familiares y que contribuye al tipo de autoestima que vamos a desarrollar. Pero este será finalmente el producto de un aprendizaje. La autoestima se aprende en casa, en la escuela y en el trato diario con las personas adultas (y a veces menores) que más influencia tienen sobre el niño. De acuerdo a cómo uno se ve, así produce y fructifica en la vida.

Las palabras de un padre pueden ser de enorme bendición para sus hijos si crean en ellos una buena dosis de buen concepto de sí mismos. Fundamentalmente, lo que decimos o hacemos alrededor de la vida misma del niño determina en un grado enorme si la criatura se quiere o no se quiere a sí misma. ¡Qué tremenda responsabilidad la de un padre! A veces nos dan deseos de gritar como el famoso personaje de la televisión, el Chapulín Colorado: «¿Y ahora quién podrá defendernos?» Por supuesto que sí hay ayuda, sí hay defensa.

A Carlos no le fue muy bien con su padre. ¿Qué hizo entonces con su problema? ¿Se sentó a llorar? ¿Cerró los ojos y no hizo nada? ¡No! Él era un predicador. ¿Cómo podría subirse a un púlpito a hablar de una vida mejor si él mismo tenía tan tremenda debilidad en su carácter? Los problemas no se resuelven escondiéndolos, ni ignorándolos, ni tapándolos para que no se vean. El complejo de avestruz nunca ha ayudado a nadie a resolver sus crisis. Los problemas son problemas porque tienen una solución. Y si un problema no tiene solución, demandemos un milagro. Sabemos que todavía Dios hace milagros. Carlos confrontó su problema. No se quedó con aquella espina clavada en el pecho. Al fin y al cabo ya la había tenido allí por muchos años y era tiempo de sacarla. ¿Qué iba a hacer? ¿Comunicarse con su papá, gritarle cuatro verdades que desde hace mucho tiempo él quería decirle?

Su amigo, el pastor sicólogo, le dijo: «Carlos, tienes una cinta grabada con el mensaje que te pasó tu padre. Ese mensaje no se puede borrar. Cada vez que vayas a hacer algo manual, la grabadora se encenderá automáticamente y la cinta correrá con el mensaje de tu papá. Pero puedes grabar un nuevo mensaje, más poderoso, de más autoridad (esto es, con más volumen) que el que recibiste en tu niñez. De esta forma, cuando el primer mensaje aparezca en escena, conscientemente encenderás el segundo mensaje grabado en tu espíritu, y este definitivamente opacará al anterior». Así lo hizo. Por fe grabó en lo más profundo de su espíritu y lo más cercano a su Señor un nuevo mensaje: «Todo lo puedo en Cristo que me fortalece» (Filipenses 4.13).

La segunda etapa de la sanidad (porque una baja autoestima es una enfermedad del alma) fue confrontar a su padre de una manera firme, sólida y sin miedos. Con amor, cortesía y respeto le señaló el mal que le hizo, y después lo perdonó y libró de toda culpa. A la vez, Carlos tuvo que perdonarse a sí mismo por haber creído durante tantos años una mentira que venía desde el mismo infierno. Y finalmente también le pidió perdón a Dios porque en sus años de cristiano no supo confiar en Él para solucionar esta parte de su vida.

¿Cómo podemos como padres o madres ayudar a nuestros hijos a formar una buena, positiva y alta autoestima de ellos mismos? El secreto es la buena comunicación. La comunicación para un hijo de Dios tiene un doble sentido. En primer lugar, es el contacto hacia arriba, la conversación con Dios, el diálogo espiritual; es sentarse como María, la hermana de Lázaro, a los pies de Jesús para oírle pronunciar su Palabra. En segundo lugar, la comunicación es hacia los lados, hacia los nuestros, hacia los que amamos. Cuando la comunicación es completa, al estilo de Dios, se forma una cruz: vertical hacia el cielo, y horizontal hacia el prójimo.

Imagínate que estás en el borde de un precipicio de dos kilómetros de altura, y que una hondonada de tres kilómetros te separa del otro borde del precipicio. Allá, en el otro borde, está tu hijo pequeño, y está asustado, temblando de miedo, confundido y desesperado. ¿Qué hacer para comunicarte con él? Allí no hay teléfonos, no puedes gritar porque no te oiría; no puedes ir porque no eres escalador de montañas. Pero puedes construir un puente. Y una vez que lo haces, tienes tres opciones. La primera es ir hasta donde está tu hijo; la segunda, que tu hijo venga hasta donde estás tú; y la tercera, que los dos se encuentren en el medio del puente. Comunicarnos es crear puentes que nos permitan el contacto con los seres que amamos.

Para formar una autoestima sana en tus hijos, debes aprender los secretos de la buena comunicación. La buena comunicación produce confianza, amistad, transparencia y compañerismo. Estas cosas, a su vez, producen en nuestros hijos autoestima positiva. Como padres, nos gusta muchísimo la manera en que Lucas, el escritor sagrado, concluye el segundo capítulo de su Evangelio: «Y Jesús crecía en sabiduría y en

estatura, y en gracia para con Dios y los hombres»
(2.52). Esto nos habla de la calidad de padres que
eran José y María. Estaban criando un hijo equilibra-
do, balanceado física, intelectual, emocional y espiritualmente hablando.

Algunos padres, muy bien intencionados por cierto, enfatizan algunos aspectos del aprendizaje más
que otros. Esto es como construir una gran pirámide.
La base tiene que ser la vida espiritual; allí el niño
aprende a relacionarse, a servir a Dios y a depender
de Él. Esto es vital para su desarrollo total. Es el fundamento. Sin esto no hay pirámide, no hay vida valio-
sa y productiva. Luego, sobre esa base o fundamento,
se van agregando los bloques de la intelectualidad, el
equilibrio emocional y el aspecto físico.

Queremos hablarte de diez cosas que, según los
que saben de esto y de acuerdo a nuestra propia experiencia, producen autoestima positiva en nuestros hijos.

**1. Ayudémosles a que desarrollen la sensación de
que son parte de la familia.** Tus hijos tienen que sentir
que pertenecen a un grupo único y especial que se llama familia, donde se les ama e instruye. Tienes que
aceptar incondicionalmente a tus hijos. Los debes
amar por lo que son y no por lo que hacen o no hacen.
El niño debe tener el lugar en que vive como su «hogar, dulce hogar». Este lugar es el lugar de refugio en
el peligro, de la risa en la alegría, de la oración en la
hora de incertidumbre, de la satisfacción en la necesidad.

**2. Ayudémosles a que desarrollen la noción de que
no hay otros como ellos.** Tus hijos deben saber que
son únicos, inigualables y especiales. No hay otros

como ellos. Nosotros solíamos hacer bromas a nuestros hijos cuando los presentábamos a alguien conocido y decíamos: «Este es Marcelo, nuestro hijo mayor favorito; y este es Martín nuestro hijo menor favorito». Era una broma con una gran cuota de realidad. De acuerdo a como son, sus actividades y la manera en que viven, hacen que cada uno de ellos sea nuestro favorito. No debemos comparar a nuestros hijos, ni empujarlos a imitar a otros, y mucho menos decirles: «Aprende de tu hermano». Puede ser que los científicos ya hayan desarrollado la manera de hacer clones y duplicar exactamente a otro ser humano. Pero nosotros como padres queremos la unicidad de cada uno de nuestros hijos.

3. Ayudémosles a que desarrollen la convicción de que pueden. Leímos hace mucho tiempo en un libro sobre administración que «el que no planea para triunfar, planea para fracasar». A los hijos hay que enseñarlos a creer en sus posibilidades, en sus destrezas, en sus habilidades y talentos. Hay que enseñarlos a tomar riesgos, a aprender de los fracasos. No debemos castigarlos si cometen errores, sino convertir esa experiencia negativa en una experiencia de aprendizaje positiva. Cuando los niños aprenden de sus propios errores, se fomenta en ellos confianza y seguridad.

4. Ayudémosles a que desarrollen sentido de rumbo, de metas y propósitos. Como dijo alguien, «el que no sabe para dónde va, tampoco sabe cuándo llegará». Hay que ayudar a los hijos a vivir con metas, a creer que son seres de propósito que deben trabajar para alcanzarlos. Deben llegar a entender la diferencia entre prioridad y placer, entre deber y diversión. Cada una tiene su hora, pero lo primero es primero.

5. Ayudémosles a que desarrollen su sentido de valor propio. La vida es como una escalera. Nadie llega al segundo piso si no sube escalón por escalón. Nadie llega al tercer piso, si no pasa por el segundo. Así es con los niños. Como padres tenemos que alabar, vitorear, exaltar sus hazañas, sus proezas, sus logros. Cada edad y cada etapa tiene sus propios logros. Si los padres sabemos celebrar los logros de nuestros hijos, estos sabrán desde muy chicos, que sirven para algo, y no «para nada» como suelen decir muchos padres.

6. Ayudémosles a que desarrollen su sentido de alegría por la vida. ¡Qué experiencia más hermosa es llegar a un hogar donde se puede respirar una atmósfera de alegría, gozo y entusiasmo! Lo contrario es canción de otro disco. Los niños aprenden a imitar nuestro estado emocional, nuestras expresiones temperamentales. Los padres iracundos, gritones y malhumorados tienen hijos iguales. Más adelante se cumple la ley física de que los polos iguales se repelen. Pero cuando en una casa hay alegría por la vida, cuando hay gozo, calor y risa franca, los niños aprenden a amar la vida. Y aprenderán a reír en medio de los dolores y a no dejar que los dolores se rían de ellos.

7. Ayudémosles a que desarrollen su sentido de investigación. Si tu hijo te llega con un sapo verde, rugoso, de ojos saltones y boca grande, no pegues un grito al cielo ni salgas corriendo. Alienta su espíritu de curiosidad, transforma esa experiencia en una experiencia de aprendizaje. Llévalo a la biblioteca y busca libros sobre anfibios, sapos y ranas. No le enseñes que las cosas que Dios creó son feas y malas. Enséñale que algunas son peligrosas, pero que todas tienen una función en la vida y todas esperan la redención que Cristo logró, y que un día habrá cielos nuevos y tierra nueva. ¿Qué sabes tú si detrás de ese niño con el sapo tienes un gran científico en ciernes?

8. Ayudémosles a que desarrollen su sentido de respeto, sinceridad e integridad. Como dijo ese sabio indio de Oaxaca que llegó a ser presidente de México, don Benito Juárez: «El derecho al respeto ajeno es la paz». Un niño que aprende a respetarse a sí mismo sabe respetar a los demás. Los niños deben crecer en un ambiente de integridad, respeto, sinceridad, veracidad y puntualidad. Cuando viven así, no solo respetan a otros, sino que aprenden a tener una alta autoestima. Los niños no pueden crecer sin valores en la vida. Un hogar sin valores ni principios es una fábrica de delincuentes.

9. Ayudémosles a que desarrollen su sentido de liberalidad. «Más bienaventurado es dar que recibir», dice Dios en las Sagradas Escrituras. Nuestro mundo egoísta y avaro nos impulsa a tener por tener, a acumular bienes de cualquier tipo y a defender el derecho de tenerlos a capa y espada. Pero cuando un niño practica la liberalidad, el sentido de responsabiliad y amor por la raza humana se le acrecienta. De allí a que Dios lo llame a servirle hay pasos muy cortos.

10. Ayudémosles a que desarrollen su sentido de fe, amor, obediencia y servicio a Dios. Como dijimos antes, hay muchos hogares donde se dice que se cree en Dios, pero se practica un ateísmo materialista terrible. No basta que los niños sepan solamente que hay un Dios; hay que enseñarles que pueden tener comunión, compañerismo, amistad y confianza plena con ese Dios. Si los padres cumplen el precepto bíblico de «instruye al niño en su camino, y aun cuando fuere viejo no se apartará de él» (Proverbios 22.6), los niños podrían desarrollarse plenamente como hijos de Dios, ciudadanos sanos y leales, hombres y mujeres de bien. ¿No es eso lo que todos los padres queremos? Otra vez, nuestro mundo está enfermo, pero tiene cura.

¡Cuántos dolores se evitan, cuántos problemas y obstáculos se pueden saltar, cuando los padres deciden criar hijos sanos en un mundo enfermo! Pero hay posibilidades de salud y de curación para los hijos que no han tenido la dicha de tener padres así. Hasta el más gastado, viejo y dañado de los seres humanos tiene esperanza en este mundo. La misericordia, el amor y la gracia de Dios son suficientes para todos. La solución sigue siendo la misma y sigue estando disponible: Jesucristo, el Hijo de Dios, el Salvador del Mundo, el que «vino a buscar y a salvar lo que se había perdido».

A la pregunta en broma «¿Y ahora quién podrá defendernos?» le hallamos una respuesta en serio: Jesucristo es la solución. No solo nos defiende («Jehová es nuestro escudo y nuestra fortaleza, nuestro pronto auxilio en las tribulaciones»), sino que Él tomó nuestro lugar en la cruz del Calvario. Nos dio vida nueva, vida abundante. Él mismo es nuestra vida. Por lo tanto, en este asunto tan difícil de ser padres, como en todos los momentos de nuestra vida, Él quiere tomar nuestro lugar para actuar a través de nosotros. Si pudiéramos aprender a estar crucificados juntamente con Él en su cruz, ya no viviríamos nosotros, sino que viviría Él en nosotros (véase Gálatas 2.20).¡Padre, madre, sí se puede! ¡Tú puedes! Y una de las maneras sabias y efectivas de hacerlo es aprender a disciplinar bien a nuestros hijos.

Capítulo once

La disciplina de los hijos

Por alguna razón aquel vuelo se retrasó. Todos los pasajeros ya estábamos en la sala de espera. Algunos conversaban animadamente mientras otros leían. Algunos hacían compras de última hora en las tiendas del aeropuerto. Unos cuantos muchachos se habían tirado al suelo y dormían tranquilamente con sus mochilas como almohadas. Otros conversaban con el personal de la aerolínea en busca de una respuesta a su lógica inquietud sobre la demora del vuelo.

¡Pero había un par de niños que sacaban de quicio a todo el mundo! Parecían gemelos de unos cinco años de edad. Corrían, gritaban, peleaban entre ellos, desobedecían a la madre. Entre ambos y un terremoto no había mucha diferencia. Desde que llegaron a la sala de espera, nadie pudo concentrarse en otra cosa que en anhelar el momento en que aquella madre, desesperada y seguramente avergonzada por el mal comportamiento de sus hijos, explotara en un arranque de ira y los pusiera en buen orden. Pero todo esfuerzo de ella parecía imposible. Nosotros nos miramos y pensamos: «Si estos dos gemelos fueran nuestros, hace mucho rato que estarían en su lugar». Y no estamos hablando de usar la violencia física. Hay muchas y muy buenas maneras de crear disciplina en los hijos.

Para mucha gente disciplinar es sinónimo de castigar. No es así. La palabra disciplina viene de la palabra discípulo. Un discípulo es uno que aprende. Claro que si hay un discípulo que aprende, debe haber un maestro que enseña y también una enseñanza. Esos son los tres elementos fundamentales en el proceso. Cuando el castigo es necesario, pasa a formar parte de la disciplina; pero la disciplina es una cuestión mucho más amplia en la formación de los hijos. Uno puede castigar y no imponer disciplina. Por ejemplo, si tu hijo tira a propósito la azucarera y además de derramar el azúcar quiebra el frasco, merece un castigo. Pero si lo castigas solo porque estás enojado o porque esa azucarera representa para tu familia un tesoro preciado, habrás perdido el sentido de lo que es la disciplina, y solamente te habrás vengado del muchacho.

La Biblia dice: «Instruye al niño en su carrera [o camino], y aun cuando fuere viejo no se apartará de él»; pero, contrario a lo que muchos creen y practican, la instrucción no es simplemente dar conferencias ni sermonear a nuestros hijos. Desde luego, existe el momento de explicar verdades, analizar situaciones y sacar conclusiones; pero instruir a un niño es mostrarle de manera práctica cómo se hacen las cosas, cómo se confrontan las situaciones, cómo se resuelven los problemas, cómo uno se responsabiliza de sus propias faltas, etc.

Disciplinar es enseñar e instruir a nuestros hijos con palabras, hechos y ejemplos para que crezcan, maduren y sean formados al más puro estilo de Dios. Supongamos que la mamá de Jaimito, un niño de dos años y medio, le dice: «Jaimito, vé afuera y coloca la bolsa de basura en el contenedor». Jaimito mira a la

mamá como si le hubiera hablado en chino y sencillamente no lo hace. Y no lo hace porque posiblemente
no sabe todavía qué es la basura y qué es el contenedor. Además, la bolsa de la basura puede ser demasiado pesada para él. En este caso, la instrucción ideal
sería que la madre del niño tomara la bolsa de la basura, llevara consigo al niño, y le dijera con palabras que
sabe que él puede comprender que van a ir juntos a tirar la basura. Si ella hace esto repetidamente, llegará
el momento en que Jaimito comprenderá el proceso;
y no solo lo hará, sino que lo hará con alegría, porque
eso le da importancia y muestra que está creciendo.

Nuestros hijos quieren ver nuestro ejemplo, y es
imprescindible que les demos un buen ejemplo, pero
a veces los padres nos equivocamos. Este es el caso de
don Pedro y la señora Luz. Los domingos por la mañana se levantaban temprano, alistaban a sus hijos, les
preparaban el desayuno, les daban unas cuantas mo-
nedas para la ofrenda y los mandaban a la escuela dominical de la iglesia. Así podían regresar a la cama y
dormir unas cuantas horas más.

La intención era muy buena, pero el método era
totalmente equivocado. Los niños se quedaban en la
iglesia porque eran pequeños; pero una vez que cre-
cieran, no encontrarían ninguna motivación ni razón
suficiente para continuar yendo a un lugar a donde
sus padres nunca iban.

Recordamos una experiencia en un hermoso país
sudamericano. Conocíamos muy bien a la familia de
aquel muchacho, que era parte de una congregación
hermana. Un día, uno de sus hijos decidió no volver
más a la iglesia. Se fue incluso de la tutela paterna.

Nos encontramos con él en una calle de la ciudad capital y como lo conocíamos, le hablamos.

—¿Qué pasó contigo que no has vuelto a la iglesia? —no dudamos en preguntarle.

Sin dudarlo ni un segundo, su respuesta fue:

—¡Es que mis padres en la iglesia hablan y cantan como ángeles, pero en la casa gritan como demonios!

La disciplina de los hijos es una responsabilidad que ningún padre debe rehuir. Es parte de lo que viene con el paquete original cuando uno encarga un hijo. Pero ocurre lo mismo que con mucha gente cuando compra algo y cree que sabe cómo usarlo, cómo instalarlo o cómo armarlo para que funcione. A veces nos las damos de que lo sabemos todo y solamente vamos a las instrucciones en caso de que fracase lo que ya hemos hecho. Debes saber que con los hijos viene un libro de instrucciones que se llama la Biblia. Si antes de tener hijos las parejas leyeran en la Biblia lo que esta dice sobre la instrucción, la disciplina, la educación y la formación de los hijos, no tendríamos el mundo que tenemos.

Susana fue a la cárcel a visitar a su hijo, un pandillero, drogadicto y asesino de solo quince años de edad. Pensó que iba a encontrar a su muchacho desecho, desesperado porque no veía desde hacía varias semanas a nadie de su familia, ni siquiera a ella, su madre; pero se sorprendió al oír al joven Gerardo decirle:

—¡Mamá, ¿por qué no me pegaste nunca cuando yo desafié tu autoridad e hice lo que quería? ¿Por qué no me enseñaste nunca lo que es una vida disciplinada? ¿Por qué no me dijiste nunca que me amabas? ¿Por qué no me enseñaste nunca la diferencia entre lo bueno y lo malo? ¡Si lo hubieras hecho, mamá, yo no estaría hoy en esta cárcel! ¿Te acuerdas que tú misma dijiste un día que «la religión era cosa de viejas»? Pues quiero decirte que yo hubiera preferido mil veces que me dijeran ratón de iglesia, a que hoy me digan asesino.

Cuando disciplines a tus hijos recuerda que lo haces porque quieres lograr al menos tres cosas: Primero, quieres animar a tus hijos a que acepten con alegría y perseverancia el tener un comportamiento adecuado con las normas que aceptas como válidas. Segundo, deseas ayudarlos a aprender a prevenir, confrontar y resolver los problemas que surjan cuando sean adultos. No puedes andar por ahí resolviendo los problemas de tus hijos. Los convertirías en personas que dependen de los demás y eso es fatal para su desarrollo. Tercero, deseas inyectarles un verdadero sentido de autodisciplina y responsabilidad.

Seguramente nos dirás: «Pero, señores Mottesi, yo no soy una persona perfecta. ¡No puedo hacer ese trabajo de tanta responsabilidad! ¡Ni que fuera Dios!» Estamos totalmente de acuerdo contigo. No tienes todo lo que necesitas y definitivamente no eres Dios. Si has leído con cuidado, habrás notado que no hemos afirmado que para ser padre hay que ser perfecto. ¡Solo Dios es perfecto!

Esto nos lleva entonces a otro punto. Si solo Dios es perfecto, y si Dios es un Padre amoroso, tierno, compasivo, misericordioso, disciplinador y de propósitos sabios, ¿por qué no te unes a Él en la tarea de criar hijos? Eso fue lo que hicimos nosotros, y no nos fue nada mal. Estamos muy contentos y sanamente orgullosos de nuestros hijos. Nuestro secreto es que, como hijos de Dios, observamos la manera en que Él nos amó y nos formó, y con su ayuda y dirección hemos repetido el proceso con nuestros hijos.

¿Por qué es tan importante la disciplina?

Ya sea porque sus padres fueron muy violentos con ellos, o porque no los pusieron en su sitio cuando debieron haberlo hecho, hay personas que cuando castigan a sus hijos inconscientemente se están vengando de sus propios padres. ¡Qué triste que haya padres que disciplinan y hasta castigan corporalmente a sus hijos (y a veces llegan a un nivel de abuso) para satisfacer emociones rotas, para acallar recuerdos de su propia niñez que no han sido sanados o para tratar de resolver complejos temperamentales no bien definidos.

La disciplina es una puerta que abrimos a nuestros hijos, una puerta que conduce hacia un mejor camino en el futuro, y es también una siembra para el futuro. Es una puerta porque de ella dependerá la calidad del comportamiento de nuestros hijos el resto de sus vidas. Cuando ejercemos la disciplina de una manera apropiada y coherente, podemos hacer de la vida familiar una experiencia mejor, más suave y placentera. Y la disciplina es una siembra que hacemos para el futuro porque de la manera en que manejemos hoy la disciplina determinará cómo serán mañana los pensamientos, los hechos, los hábitos, el carácter y, finalmente, el destino de nuestros hijos. Nosotros, como adultos, somos en gran parte lo que nuestros padres hicieron de nosotros. Nuestros hijos, en el futuro, serán también en gran parte lo que nosotros hagamos de ellos hoy.

Muchas veces los padres no estamos muy bien preparados para la paternidad y la maternidad y menos para la disciplina de nuestros hijos. Posiblemente lo que más trabajo nos da es nuestra propia autodisciplina. Hay ya ciertas alturas de la vida donde cuesta mucho dejar las cosas viejas y aprender otras nuevas. En el argot popular hay muchos refranes que nos dicen, con cierta nota de pesimismo (que no compartimos), cosas como estas: «Árbol que crece torcido jamás su tronco endereza», o «no se le pueden enseñar trucos nuevos a perro viejo». Sin embargo, sabemos y creemos en la siguiente declaración de Dios: «Si alguno está en Cristo, nueva criatura es; las cosas viejas pasaron; he aquí, *todas son hechas nuevas*» (2 Corintios 5.17). El hecho es que los padres sí podemos cambiar, y cambiar radicalmente, para que con nuestro nuevo ejemplo, nuestra fe renovada y el apoyo directo del Espíritu Santo podamos ser la clase de padres que Dios nos ha llamado a ser.

Queremos que entiendas que la disciplina es todo un proceso. Es una actividad continua. Los padres disciplinamos a los hijos mientras crecen. Los padres nunca dejamos de aprender disciplina. La vida es una escuela donde nos preparamos para vivir de una manera mejor en la presencia de Dios.

La verdadera disciplina comienza en el vientre de la madre, desde las etapas más tempranas de la vida. Una amiga nuestra, desde que supo que estaba embarazada, se sentaba en una silla mecedora y ponía música clásica suave. Esto lo hacía particularmente cuando el bebito ya comenzaba a dar sus primeras pataditas. Cuando nació y se oía alguna música clásica, el niño detenía lo que estaba haciendo con sus juguetes y escuchaba la música. Fue a la escuela y hacía sus tareas oyendo música clásica. Asistió a la universidad y continuó oyendo esa música que, disciplinadamente y entre otras cosas muy buenas, sus padres le enseñaron.

La clave de una buena disciplina es la firmeza. Firmeza en lo que se dice y en lo que se hace, así como en lo que se espera que el muchacho haga. No puede ser que un día digamos no a algo, para decir sí a lo mismo al día siguiente. Los padres tienen que estar de acuerdo en la manera en que disciplinan a sus hijos. Si uno de ellos se equivoca al disciplinar, el otro no debe contradecirle en público, y mucho menos en presencia de sus hijos. Eso se arregla más tarde, cuando ambos estén solos.

Finalmente, debes entender que la disciplina del hijo debe seguir aun cuando sea un adulto. Por supuesto, no nos referimos a que el padre ha de continuar dando órdenes e imponiendo pautas y reglas a sus hijos adultos, sino que continuará la labor educativa por medio de sus consejos (siempre y cuando los hijos los pidan).

Si en el asunto de la paternidad y la maternidad vas a imitar a Dios, entonces lo más sabio cuando se trata de imponer disciplina en la casa es hacer uso del consejo de Santiago, el hermano de Jesús: «Y si alguno de vosotros tiene falta de sabiduría, pídala a Dios» (Santiago 1.5).

Los periódicos, los noticieros de la radio y la televisión todos los días se las ingenian para conseguirnos una noticia de violencia doméstica.

«¡Te odio papá, te odio con todas mis fuerzas, papá, y un día te voy a matar!», fueron las palabras del pequeño José Luis, con sus escasos cinco años de edad. Su hermanita de nueve años, en su comparecencia ante un jurado, testificó que así lo había dicho. La televisión, la única niñera que estos niños tenían en horas del día, ya había saturado a esa edad tan temprana la mente del pequeño con todo el veneno de los programas que hoy se producen para los niños: odio, venganza, sangre, golpes, balazos, violencia y muerte.

Cuando el padre de José Luis oyó aquellas palabras, bajo el efecto de unas copas y con actitud machista levantó al niño, lo presionó por los brazos, lo apretó fuertemente por sus costados, lo sacudió con violencia y lo tiró con todas sus fuerzas contra una pared. El niño se golpeó la cabeza, tuvo fractura en la columna y quedó en estado de coma. Dos días después, murió en el hospital.

—Quería disciplinarlo y enseñarle que lo que me estaba diciendo no era bueno —se defendió aquel hombre frente al juez en medio de un mar de lágrimas.

El juez le respondió:

—¿Qué diferencia hay entre lo que usted le hizo al niño y lo que este le dijo que quería hacerle a usted?

Para muchos padres, la disciplina y la violencia son sinónimos. Creemos que hay circunstancias en que se hace necesario usar, como dice la Biblia, «la vara», especialmente, cuando el niño desafía abiertamente la autoridad de los padres. Pero de ahí a hacerlo sangrar, quebrarle huesos o dejarle moretones y marcas en el cuerpo hay mucha distancia. Nos alegramos de que en el mundo actual haya leyes de protección a la niñez. Aun así, creemos que esas leyes no son suficiente protección para los niños. Creemos que regresar a los patrones bíblicos sería mucho mejor para ellos, sobre todo si estos patrones son aplicados por padres que han tenido un encuentro personal con Jesucristo.

Hay ocho cosas que nos han servido para disciplinar a nuestros hijos, y que hemos enseñado a muchos padres a través del programa *Salvemos la Familia*. Según nos dicen, a muchos padres les están dando muy buenos resultados. Hemos tratado de enseñarlos a:

1. Desarrollar dominio propio. Dice el Dr. Dobson que cuando los padres se atreven a disciplinar y lo hacen con firmeza y amor, el niño aprende a dominarse y a manejar sus sentimientos, particularmente el enojo, el miedo y el deseo de venganza.

2. Respetar los derechos ajenos. Es en el hogar donde realmente se puede enseñar a los niños a respetar los límites que pueden afectar a otra persona. El niño debe pronto aprender a no tomar los juguetes de su hermanito sin permiso, a no entrar a una habitación sin llamar a la puerta, a saludar a los adultos cuando estén presentes. El niño que aprende a respetar sus propios límites, no traspasará los límites de otras personas. Como dijo don Benito Juárez y ya lo hemos citado antes, «el derecho al respeto ajeno es la paz».

3. Expresar sus emociones de manera apropiada. ¿Te has dado cuenta que en nuestro mundo, practicamos la cultura del grito. Los padres gritan, los hijos responden con gritos. Pero también toleramos a nuestros niños que practiquen el recurso del berrinche, el llanto ensordecedor y los golpes como una manera de expresar sus emociones. Está bien que los niños se enojen, pero hay que enseñarlos que se puede decir que uno está enojado sin tener que manifestarlo con violencia, mal vocabulario, golpes o berrinches. Al niño hay que hacerle ver que cuando hace algo malo, no solo debe pedir perdón, sino restaurar (hasta donde sea posible) el daño hecho.

4. Desarrollar su autoestima. Como ya elaboramos esto en otro de los capítulos anteriores, te referimos a esa parte del libro.

5. No depender de los demás. ¡Qué terribles son los niños que siempre andan colgando de las faldas de mamá! Y, ¡qué terribles son esas mamás que creen que sus hijos no pueden hacer nada sin ellas! Cuando se le disciplina bien, al niño se le enseña a tomar decisiones personales, propias y sabias. Se le enseña a manejar horarios, dinero y relaciones. No olvides que tus hijos están creciendo y van rumbo a la independencia.

6. Tener sentido de orden. La disciplina enseña a los niños a ordenar su vida interior y el medio en que viven. Deben aprender a ordenar sus juguetes, sus útiles escolares, recoger su ropa sucia, hacer sus camas, etc. Pero también deben aprender a poner orden emocional e intelectual en sus vidas y aprender a manejar prioridades. Finalmente, deben aprender a tener orden espiritual.

7. Tener a Jesús como un ejemplo. Si uno logra mostrarles el aspecto humano de Jesús, su crecimiento, su sabiduría y su obediencia, podrán aprender que el evangelio no es una carga, sino un privilegio funcional. Los niños deben aprender que Cristo es un modelo digno de imitar y que ese Jesús se refleja diariamente en la vida de sus padres!

8. Buscar respuestas en Dios. Los niños sienten una enorme seguridad cuando saben que sus padres oran y buscan a Dios. Saben que si sus padres, que son tan fuertes y sabios, tienen que buscar el rostro del Señor, ¡cuánto más ellos que están pequeñitos y son débiles!

La disciplina, pues, es discipulado; y discipulado es lo que Jesús nos mandó a hacer en la Gran Comisión. El verdadero discipulado comienza con el sacerdocio del esposo-padre en su propia casa. El pasaje de Hechos 1.8 es válido para nuestros días: «Pero recibiréis poder cuando el Espíritu Santo venga sobre vosotros; y me seréis testigos en Jerusalén, en toda Judea y Samaria, y hasta los confines de la tierra» (Hechos 1.8, LBA). Como ya lo han señalado varios comentaristas, cada cristiano, cada discípulo, tiene su propio Jerusalén. Nosotros creemos que para un padre y una madre, su Jerusalén es su propio hogar. Por medio de la disciplina deben comenzar su trabajo de discipulado.

¿Por qué se portan mal los muchachos?

Cuando Alex tenía seis años de edad, solía salir de su casa muy temprano en la mañana. Se iba a los potreros para correr delante de los toros bravos; se iba a nadar solo a un río caudaloso; a veces se colgaba de un tren carguero en marcha y se iba hasta setenta kilómetros lejos de su casa. Otras veces se metía y se quedaba escondido debajo del piso de madera de su casa, para experimentar el placer de oír a sus padres buscándolo. Este muchacho le ponía trampas a su hermano mayor para que se golpeara, le destruía los juguetes a sus hermanas por el placer de verlas llorar. Y el colmo era que amarraba a varios perros por la cola y los echaba a correr cuesta abajo.

Cualquier persona que al oír esta historia no diga que aquel muchacho era un monstruo no puso atención a lo que se decía. Pero detrás de las acciones de Alex había una motivación superior a esa maldad natural que todos traemos dentro.

En la naturaleza del ser humano hay una tendencia a hacer cualquier cosa que nos haga sentirnos libres e independientes de otras personas. Cuando nace, el niño aprende muy rápido a manipular a sus padres. Como dijimos antes, esa tendencia a hacer con nuestra vida lo que queremos la Biblia la llama pecado. Pero aparte del pecado, los niños se portan mal por tres razones. Primero, porque cuando se cansan, están mojados o sucios, o tienen hambre, pueden llamar la atención de sus padres haciendo cosas que ya saben que desagradan a sus mayores. Segundo, porque nadie se ha tomado el tiempo de enseñarles que cierto tipo de comportamiento no va de acuerdo con los patrones establecidos en su grupo cultural.Tercero, porque los niños son capaces de engendrar sentimientos y actitudes malas.

Las siguientes son algunas actitudes que los niños pueden transformar en malas para su propio provecho:

El miedo. A veces los padres acusan a los niños de portarse mal. Pero ese comportamiento puede ser una reacción al miedo que algo les provoca. Hay niños que le tienen miedo a la oscuridad y reaccionan con llanto y desesperación ante la idea de quedarse a oscuras. Otros le tienen miedo a la gente desconocida porque no saben lo que pudiera pasarles si no están al lado de quienes les brindan seguridad. Entonces reaccionan golpeando a los desconocidos, llorando o corriendo a esconderse. Los padres los justifican diciendo que son tímidos.

Muchas veces tienen miedo al fracaso en la escuela, y reaccionan perdiendo el control de sus funciones excretoras. Los padres quizás los acusen de descuido por ponerse a jugar y no ser obedientes a las necesidades del cuerpo. En otros casos tienen miedo de perder el amor de sus padres porque hay un nuevo miembro en la familia, o tienen miedo de perder a uno o a ambos padres por causa de un divorcio. En otras palabras, los niños reaccionan a sus miedos naturales de maneras que nosotros podemos interpretar como mal comportamiento.

El enojo. Cuando un niño no obtiene lo que desea, se enoja. Ya sea que se trate de la presencia de los padres, su biberón, un juguete o un adorno, si el niño no lo obtiene reacciona con enojo que se traduce en llanto, golpes y hasta pérdida temporal de la capacidad respiratoria. Si los padres ceden a la demanda del hijo, inmediatamente se dará cuenta que le da resultado y continuará usándolo como un mecanismo de manipulación.

Los celos. Muchas veces los padres no preparan a su hijo mayor para la venida de un nuevo hermanito. De pronto, un recién nacido llega a la casa. Los abuelitos vienen, los tíos vienen, los vecinos vienen, todo el mundo viene y le brinda atención total al recién nacido. Y el hermanito mayor, que era el que hasta hace poco tiempo recibía todas las atenciones, puede sentirse relegado a un segundo plano. Si no se prepara al niño para esta ocasión, puede reaccionar mal, llenarse de celos, portarse mal, quebrar cosas, decir cosas que avergüencen a sus padres, y hasta podría hacerle daño a su nuevo hermanito.

Heridas. El sentimiento de haber sido herido por una persona que se ama o se respeta puede atar a un niño por un determinado período de tiempo, y a veces por toda una vida. Buscarán la forma de vengarse de la persona que los hirió y de los que aprobaron con risas o gestos la actitud del que los dañó. Eso fue lo que le pasó al pequeño Álex. Una tía suya dijo en su cara que Álex era la oveja negra de la familia. Muchos asintieron y después lo estuvieron repitiendo. Álex reaccionó haciendo cosas que probaran que sí, que realmente era una oveja negra. Pero en lo más íntimo estaba gritando: «Ayúdenme, yo existo, yo también necesito cariño... ¿Hay alguien que me lo pueda dar?»

Finalmente queremos decir algo que es vital para la buena disciplina de nuestros hijos:

Dales amor. Todo niño necesita saber que lo aman, que es importante. Para ellos es vital el contacto físico de los abrazos y los besos. Los niños se sienten bien cuando uno los arrulla, cuando se juega con ellos. El amor que reciben los anima y los impulsa a dar amor a los demás.

Andrés le dice a su papá: «Papi, lléname el tanque de gasolina». Pero su papá no corre a la gasolinera. Sabe que su hijo Andrés, un joven de quince años, lo que quiere decir es que desea un gran abrazo de su papá.

Escúchalos. ¡Nunca tomes a la ligera las palabras que un niño te dirige! Si los adultos demandamos atención cuando hablamos, los niños también la necesitan. No des por sentado que ya sabes lo que te van a decir. El arte de escuchar demanda no pensar de antemano, no prejuzgar; y, sobre todo oír lo que se nos dice, no lo que queremos oír.

No estés tan ocupado que no puedas oír lo que dice tu hijo. Si no te lo dice hoy, quizás después no te lo quiera decir. No son los niños, ni los adolescentes los que cierran la puerta de la comunicación con los padres, sino nosotros mismos, los padres.

Establece límites y reglas. En todo hogar debe haber reglas claras para toda la familia, incluyendo a los niños de meses. Tú, como padre, debes estar seguro de que tus hijos entienden los límites y las reglas. Tienes que repetírselas hasta que se les conviertan en hábitos y se les desasarrolle autodisciplina para respetarlas en todo tiempo y circunstancia.

Los padres deben dar el ejemplo y cumplir sus propias reglas. Debe haber constancia por parte de ambos padres, y acuerdo mutuo para sostener una regla. Es muy importante que los padres tengan un sentido de firmeza, justicia, amor y temor de Dios para que estas cosas se cumplan.

Ya te habrás dado cuenta de que la disciplina no es un milagro que ocurre de la noche a la mañana. El buen sembrador sabe que la calidad del fruto que dé una planta depende de las muchas horas de cuidado que reciba de él. Se necesita toda una vida para formar un hombre.

Y es aquí donde la ayuda de Dios está totalmente disponible. Tú puedes echar mano a la sabiduría, al amor, a la misericordia, a la fidelidad, al perdón, a la dirección de Dios para hacer tu trabajo de discipular (disciplinar) a tus hijos. Sí, se puede. Tú puedes. Y Dios quiere.

Si los padres nos entregamos a esta tarea de disciplinar (discipular) a nuestros hijos, los estaremos bendiciendo de una manera muy especial, y ese legado durará por muchas generaciones.

Maldición versus Bendición

Capítulo doce

La herencia que legamos

«Mano Nieves» tenía setenta años de edad cuando su hijo Cupertino se estaba convirtiendo también en padre. Vivía en su casa de campo, rodeado a su vez de las casas de sus hijos, todos ellos casados.

Pero cada uno de los hijos de Mano Nieves había sido engendrado en el vientre de una mujer distinta. Esa no era necesariamente la costumbre de aquella región campesina. Todo lo contrario. Una fe puritana, temerosa del escándalo y la excomunión permeaba toda la comarca de San Rafael. Ellos estaban viviendo en la mitad del siglo XIX. Solo que este hombre había decidido moverse en otra dimensión, y dar rienda suelta a sus impulsos naturales, para lo cual abandonó su fe judaica, y se unió en concubinato, manteniéndolas en su misma casa, a tres mujeres distintas.

Su argumento para justificar sus acciones era simple: «si yo puedo con la carga, ¿por qué no voy a llevarla?»

A principios del siglo XX, cuando los hijos de Cupertino entraban en la adolescencia, la madre de ellos enfermó gravemente. Entonces el padre, al igual que había hecho su progenitor, trajo a una mujer a vivir en la casa, la cual convirtió en su esposa cuando su primera mujer murió.

Todos los hijos de Cupertino fueron conocidos por sus adulterios. Especialmente Gregorio, a quien dentro de su inmensa riqueza económica se le conocieron más de doce amantes.

Todas las hijas de Gregorio fueron al matrimonio previamente embarazadas. Y todos los hijos de este hombre, el nieto de Mano Nieves, llevaron a sus esposas al altar también embarazadas. Uno de ellos se casó por esta causa a los dieciséis años.

En la familia de los descendientes de Mano Nieves hay tataranietos homosexuales, lesbianas, adúlteros, fornicarios, prostitutas, divorciados. Pero eso sí, todos profundamente religiosos.

Esto afectó profundamente a uno de ellos, a quien nosotros conocemos, y cuyo nombre no damos por razones obvias.

Este hombre, un día se convirtió a Cristo. Años más tarde él y su esposa fueron llamados por Dios al ministerio de la Palabra. Hasta ese momento ninguno de ellos sabía el significado de las herencias espirituales. Pero sí era notorio que este varón de Dios atravesaba por una tremenda crisis en su propia vida y por ende en su hogar.

Un día se presentaron las circunstancias ideales y Satanás supo aprovecharlas para enviar sus dardos de fuego; la fe no fue suficiente. Los problemas, las cargas y el agobio ministerial; la falta de confianza en un amigo o el temor a ser delatado, cualquiera que fuera la causa, hicieron que este hombre de Dios le fuera infiel a su esposa. ¡Una vez más, la herencia, el legado de Mano Nieves, estaba haciendo estragos en un miembro de su descendencia!

Para honra del Señor tenemos que decir, que este siervo de Dios no solo confesó su pecado a su esposa, la cual lo perdonó, sino que lo confesó a sus hijos, a su iglesia y se sometió al ministerio de restauración de un pastor amigo, que por poco más de dos años trató con él y su esposa. Hoy, después de diez años de ausencia del ministerio; totalmente restaurados y con un carácter nuevo en Cristo, han vuelto al púlpito; no sin antes haber renunciado a la herencia que tenía atado a este siervo del Señor.

Nosotros entendemos los diferentes esfuerzos que se hacen, ya sea para poner todo lo que le sucede a los seres humanos dentro del contexto de las herencias o legados espirituales o al contrario, para negar esta realidad y asumir que nadie nace cargando algo del paquete que pertenecía a sus primogenitores o antepasados. Eso nosotros se lo dejamos a los expertos.

Por nuestro lado nos limitamos a lo que hemos visto, oído y, sobre todo, a lo que el Señor ha hecho utilizando los recursos que nos ha dado en el ministerio de *Salvemos la Familia*.

La Biblia dice que el concepto de herencia y transmisión de la misma es importante. Esas herencias pueden ir en dos dimensiones, una positiva que forma hijos y descendientes para Dios, y otra negativa que los aparta de Dios y los entrega a toda clase de perversiones, carencias, frustraciones, rencores, iras, etc.

Veamos algunos pasajes de la Escritura que nos sugieren estas ideas:

«Por tanto, guárdate, y guarda tu alma con diligencia, para que no te olvides de las cosas que tus ojos han visto, ni se aparten de tu corazón todos los días de tu vida; antes bien las *enseñarás a tus hijos, y a los hijos de tus hijos*» (Deuteronomio 4.9). Es responsabilidad de los padres cuidarse espiritualmente y hacerlo con gran celo de urgencia. Es responsabilidad también de los padres recordar y mantener en su corazón aquellas cosas que Dios ha hecho efectivas en ellos, y sobre todo, es responsabilidad de los padres hacer que la vida espiritual sea transmitida (esto debe ser por el ejemplo y la repetición) a sus hijos y a sus nietos.

«Y estas palabras que yo te mando hoy, estarán sobre tu corazón; y las *repetirás a tus hijos*, y hablarás de ellas estando en tu casa, y andando por el camino, y al acostarte, y cuando te levantes» (Deuteronomio 6.6-7). Una vez más se insiste al padre en el mismo concepto. La Palabra debe ser anidada en el corazón, pero debe también en toda circunstancia, ser repetida a los hijos. Dios como buen maestro sabe que la repetición es uno de los mejores métodos de enseñanza para discipular a los hijos.

«Yo soy Jehová tu Dios, fuerte, celoso, que *visito la maldad de los padres sobre los hijos hasta la tercera y cuarta generación* de los que me aborrecen» (Éxodo 20.5). Y finalmente, el concepto es más explícito todavía, cuando se trata de la maldad de los padres: el celo de Dios y su fuerza, cuando hay generaciones de este padre que aborrecen a Dios, ÉL mismo se encarga de visitarlos, y aquí no se refiere a una visita de cortesía, o a un compromiso social, sino a una visita de juicio y señalamiento que pasa de una generación a otra.

Si nuestros hijos supieran más de sus tatarabuelos, bisabuelos, abuelos, seguramente podrían entender el por qué de muchas cosas que pasan en sus vidas.

Dice el Dr. Dobson de Enfoque a la Familia, que en cualquier iglesia de los Estados Unidos casi la mitad de los niños está siendo criado por uno solo de los padres.

El concepto de la herencia, de pertenencia a una familia se está perdiendo. Ese es también un problema que nosotros vemos en los hijos y nietos de padres inmigrantes en los Estados Unidos y en otras partes del mundo. Los hijos pierden su identidad cultural, su identidad familiar, su idioma y finalmente los nietos o biznietos, solo conservan el apellido, que a la larga no les dice nada.

Los padres dejan marcas en sus hijos y en los hijos de sus hijos. Estos a su vez lo hacen sobre sus hijos, y así va la cadena de bendiciones o de maldiciones sucediéndose como legado a familias enteras. Queremos darte varios ejemplos:

La señora Raquel Contreras de Catalán en su libro *¡Ser Mujer!*, narra una breve historia que ilustra muy bien nuestro punto, y que en palabras nuestras reproducimos en sus partes básicas: Durante el tiempo en que los Estados Unidos eran una colonia inglesa, muchas familias venían del otro lado del mar a establecerse en las nuevas tierras. Hubo dos familias en esa época que llegaron a Norteamérica al mismo tiempo. Una de ellas eran los Jukes, y la otra los Edwards. La familia Jukes, hasta 1900 había producido una descendencia de mil doscientas personas. De estos, en todos esos años, solo veinte tuvieron un trabajo fijo. Para ese año la familia Jukes le había costado al estado de Nueva York un millón doscientos cincuenta mil dólares (de aquellos tiempos) en ayuda social. Esta familia dejó tras sí enormes cargas y problemas tanto a ese estado de la unión americana, como a la sociedad en general.

La familia Edwards era descendiente de Jonathan Edwards, un predicador puritano, y su esposa Sara. Para el año 1900 en la familia Edwards había trece rectores de universidades, sesenta y cinco profesores, cien abogados, uno de ellos rector de una importante escuela de derecho, treinta jueces, sesenta y cinco médicos, un rector de una escuela de medicina, tres senadores, varios alcaldes de ciudades importantes, tres gobernadores de estados, un vicepresidente de los Estados Unidos, y la cuenta positiva sigue... Se dice que los Edwards entraban al ministerio de la Palabra de Dios a manos llenas; hubo en esta familia más de cien misioneros a tierras extranjeras.

No hay duda que el trabajo combinado de Jonathan Edwards y Sara fructificó y el legado que dejaron a la nación y a la humanidad fue grande. Lamentablemente no se puede decir lo mismo de los Jukes.

Ahora te queremos relatar una historia que nos contó una amiga nuestra, la señora Nola Warren, sobre una mujer que supo perdonar y crear un legado de bendición para su descendencia.

A finales del siglo XIX y principios del siglo XX, las familias de sociedad de los estados del sur, en los Estados Unidos de América, guardaban las apariencias de manera tal que nadie conociera de asuntos que pudieran avergonzarlos.

Así fue como una familia de alcurnia, escondió la hija ilegítima de una joven de dieciocho años, que le nació a finales del siglo XIX, para aparentar un estatus y moral intachables.

Cuando el censo del año 1900 arrojó sus resultados, el nombre de esta niña ilegítima no aparecía en él. Tal era el secreto, que ni aun muchos miembros de la familia sabían de la existencia de esta niña. No fue sino años más tarde que supieron de ella.

Cuando la chica cumplió doce años, con alguna educación que le había dado su madre, la enviaron a trabajar con un tío que era médico y que visitaba a sus pacientes en su caballo. El trabajo de la niña era limpiar las monturas y riendas de los caballos. A pesar de su corta edad y de ser de contextura pequeña, su tío le daba latigazos si no hacía bien su trabajo.

A los diecisiete años la chica se casó. Aparentemente las cosas le iban un poco mejor. Tuvo tres hijos. Pero cuando nació el menor de ellos, esta mujer estaba bien enterada de que su esposo era vago, borracho y mujeriego.

Él nunca quiso trabajar de una manera consistente, así que tenían que vivir con los suegros de ella. Este hombre solía desaparecer por períodos largos de tiempo y nadie conocía su paradero.

Después que nació el hijo menor, el marido le dijo que se iba a otra ciudad donde le estaban ofreciendo un trabajo. La idea era que él se iba primero, y luego enviaría a buscar a su esposa y sus tres hijos. Pero aunque ella lo esperó, nunca recibió ninguna noticia de él.

Así que esta valiente y fiel mujer decidió irse a esa ciudad para buscar a su esposo. Dejó a su hijo mayor con los suegros y llevó consigo a los dos menores. Al llegar a la ciudad, se enteró de que su marido nunca se presentó para el trabajo que le ofrecían. Desesperada, ella consiguió un trabajo ganando un pequeño sueldo. Con este dinero tenía que sostener a sus dos hijos y ahorrar para traer al hijo mayor que estaba con sus suegros.

Aquella era la época de la gran depresión económica de los años veinte. Cerca de los tres años de haber llegado a esa ciudad, fue invitada a visitar una iglesia. Allí recibió a Cristo y fue llena del poder del Espíritu Santo. Su vida fue totalmente transformada por el poder de Dios. Al experimentar el perdón de Dios, decidió ir a buscar a su esposo a casa de sus suegros. Si no lo encontraba, por lo menos recuperaría a su hijo mayor. Pero como era de costumbre, su esposo estaba en otros de sus «viajes». En cuanto a su hijo, los suegros se lo negaron, y a pesar de su insistencia, ni siquiera permitieron que lo viera. El problema con sus suegros era tan grave que ni aun la dejaron pasar la noche allí a ella y a sus otros dos hijos, para tomar el tren al día siguiente y regresar a su casa. Tuvo que buscar refugio en la casa de una vecina.

Nunca más en su vida volvió a ver a su esposo ni al hijo mayor que le quitaron los suegros. A partir de entonces se dedicó a crecer en Cristo y educar a dos hijos. Aparte de estos, su única familia eran los hermanos de su iglesia. Oraba mucho por cada uno de sus hijos pidiendo a Dios que los cuidara y los hiciera predicadores del evangelio. Y desde luego, con mucha insistencia y ruegos al Señor oraba por su hijo mayor.

Sus dos hijos crecieron y se casaron. El menor se casó con la hija de un pastor. Como es lógico, comenzaron a llegar los nietos a adornar la vida de esta sufrida y valiente mujer. Por boca de la abuelita, los nietos conocieron la triste historia. Notaban con admiración que su abuelita no mostraba ningún resentimiento para las personas que tanto mal le habían hecho. No odiaba a sus abuelos, que no la reconocieron como nieta; ni a su familia, que la rechazó; ni a su esposo, que la abandonó; ni a sus suegros, que le robaron a su hijo mayor.

A los setenta años de separación de su hijo (ella ya había fallecido) sus nietos, con la información que ella les había dado, decidieron buscar a su tío perdido. Después de mucho esfuerzo, investigación y comunicaciones, finalmente dieron con él.

Cuando lo encontraron supieron por él mismo que a los dieciséis años sintió un deseo grande de saber acerca de Dios, y comenzó a visitar una iglesia cercana a donde vivía. Después de setenta años de separación de su madre, este hombre, ahora un anciano también, era un predicador del evangelio y pastor de una iglesia. ¡Las oraciones de su madre no habían sido en vano! ¡Nunca las oraciones de un padre o madre serán en vano!

El fruto de aquella sufrida mujer de oración es inmenso. Su hijo menor también se hizo predicador, y a los ochenta años de edad sigue como pastor. Este hijo menor es el padre de nuestra amiga, Nola Warren, y abuelo de uno de los hombres que más influyen en nuestros días en la hermosa y santa corriente de adoración que está bañando nuestro continente y abriendo puertas para una gran visitación del Señor: Marcos Witt, hijo de Nola Warren. La bisabuela de Marcos, la mujer de esta historia, dejó un legado de dos hijos predicadores. De sus nietos, cuatro son misioneros, tres pastores, cuatro predicadores, ocho maestros cristianos, nueve músicos que participan en el ministerio. Y entre sus bisnietos hay cuatro misioneros, cuatro predicadores, siete maestros cristianos y doce músicos con ministerios cristianos muy amplios, entre ellos nuestro amigo y consiervo Marcos Witt. Además, en su descendencia hay enfermeras, pilotos, maestros de escuela pública, etc. Pero lo más grande es que la herencia del bisabuelo borracho y adúltero fue cortada. Entre ellos no hay ningún alcohólico, ningún drogadicto, ningún homicida, ningún delincuente.

Esto es lo que puede hacer un espíritu que decide perdonar, que decide no dejarse llevar por la lástima, que no desarrolla espíritu de víctima, sino que corta radicalmente con los legados negativos, y rompe con las cadenas y herencias de maldición que pudieran afectar las generaciones venideras.

Por los ejemplos que hemos visto, tanto del pasado como del presente, somos conscientes de que el legado que se le puede dejar a las generaciones futuras de una familia puede ser de bendición o puede ser de maldición. Seguramente conocerás familias donde la desgracia, la muerte, las enfermedades físicas y mentales, el suicidio, los vicios, la vida sexual desordenada y otras cosas que los atan son el pan de cada día. Casi es seguro que en el pasado de los miembros de esa familia hay situaciones que nunca fueron sanadas, hay perdones que nunca se pidieron, o arrepentimientos que nunca se hicieron. Pero también podrás mencionar familias a las que parece que todas las cosas les salen bien. Son familias con descendientes que tienen una vida moral sin tacha, que son profesionales económicamente estables que gozan del favor y la admiración de la gente, aparte de tener muchas otras virtudes y bendiciones.

Puede ser que tú mismo, o algún miembro cercano a tu familia, sea la víctima de alguna maldición, herencia o acumulación de pecados familiares que no han sido eliminados del diario vivir de tu familia. Hay demasiadas familias en la tierra, incluso muchos cristianos, que viven bajo una saturación de pobreza económica, emocional, mental y espiritual que no tiene explicación lógica. Sufren calamidades continuas, enfermedades crónicas, circunstancias adversas . Viven vidas frustradas, llenas de dolor, incertidumbre, inseguridad, faltas de paz, faltas de poder, faltas de pureza. Los pesares se ven por todos lados. Luchan afanosamente por salir de un hoyo, y no se dan cuenta que lo que hacen es cavarlo más profundo. Las tentaciones los asechan y caen en ellas de una manera tan fácil, que cualquiera se sorprende. Lo triste de muchos de ellos es que cuando uno les pregunta: «¿Cómo está hermano?», la respuesta es: «Bendecido, hermano, bendecido». Y este bendecido no es más que una máscara religiosa que cubre una herencia, maldición o situación pecaminosa repetitiva que no ha sido sanada por la sangre y la cruz de Cristo.

¿De dónde adquieren las familias estas herencias o maldiciones? Veamos algunas posibilidades:

1. Herencias familiares. Como vimos al inicio de este capítulo, hay situaciones de pecado, actitudes y salud emocional que se repiten generación tras generación. Pareciera que el legado familiar, además del legado financiero, cuando lo hay, envuelve circunstancias que van desde los pecados más groseros hasta aparentes odios o rencores entre una generación y otra. Una palabra de maldición pronunciada en el pasado, si no se cancela invocando el poder de la sangre de Cristo, puede alcanzar varias generaciones y destruir en ellas la victoria, el gozo y la oportunidad de servir a Cristo. Por eso hay cristianos que viven atados a las bancas de la iglesia. Pasan los años y sus testimonios, si los hay, son los mismos. Su servicio es invisible, su crecimiento es invisible, sus contribuciones son invisibles.

En la cárcel del condado de Orange, en California, estaba Roberto pagando una condena de catorce años por intento de violación de un niño. Gracias a Dios, los padres de la criatura llegaron a tiempo e impidieron el acto barbárico que este hombre estaba cometiendo. Cuando un consejero tuvo la oportunidad de hablar con Roberto, este le confesó que su padre y un tío lo habían violado a él y a sus otros cinco hermanos. Tres de estos ahora eran homosexuales, y dos alcohólicos; pero todos eran gente llena de odio, rencor y deseos de venganza. Indagando más con Roberto, se supo que a su padre y a su tío, a su vez, un líder de los niños exploradores los había violado cuando eran muy chicos. ¡Ya se había formado en esta familia, una cadena de herencia familiar! Ya las consecuencias afectaban a la tercera generación.

El consejero guió a Roberto a aceptar a Cristo. Le ayudó a obtener liberación de su afecto sexual por los niños, y lo enseñó a renunciar a toda atadura heredada que lo ligaba a prácticas sexuales que eran contrarias a la naturaleza y a Dios. Por sus dotes intelectuales, a Roberto lo pusieron a trabajar en las oficinas de la cárcel; y por su buen comportamiento y regeneración, recibió un indulto del gobernador del estado. ¡Triple liberación! Liberado de la culpa de sus pecados por la sangre de Cristo; liberado de las herencias del pasado que destruían al viejo hombre al quedar juntamente con Cristo crucificado y liberado físicamente al ser indultado.

¿Has sabido tú que alguna vez Dios haga milagros incompletos y los deje así? ¡Las herencias familiares de pecado, por más fuertes que sean, uno puede romperlas por la sangre y la cruz de Jesucristo y alcanzar libertad!

2. Prácticas ocultistas o satánicas. Hemos conocido familias que llevan el estigma de la maldición que ha caído sobre sus vidas debido a que en el pasado de la familia alguien anduvo en prácticas ocultistas. Hay consecuencias terribles cuando se anda en cuestiones de hechicería, brujería, magia, astrología, satanismo, vudú, santería, macumba o cualquiera otra de las variedades del ocultismo con las que el diablo ha engañado a generaciones, naciones y civilizaciones.

Es muy difícil que una persona entre en territorio de Satanás y no salga llevando las consecuencias sobre sí misma y sus descendientes. Si el creyente en Cristo no es capaz de reconocer estas cosas y renunciar a ellas, tendrá sobre su vida verdaderos aguijones que no le dejarán en paz, que anularán su testimonio. Los cristianos que tienen este problema son ineficaces en su vida como discípulos de Cristo y se mantienen estériles, impedidos de dar fruto abundante para Dios. A Satanás no le asustan los cristianos mientras viven sentados e improductivos en las bancas de las iglesias. Le preocupan los que son totalmente libres y llevan fruto que permanece como demostración que son genuinos discípulos de Cristo.

Miguel era un muchacho misterioso. En el barrio muchos le tenían miedo. Algunos decían que era vampiro, otros que era brujo, y otros afirmaban que era el mismo diablo encarnado en un zombie. En su casa había toda clase de artefactos de magia, brujería, satanismo y santería. Alegaba que los había heredado de su madre, quien hacía hechizos para la comunidad haitiana de su país, prácticas que había aprendido con su padrastro, un sacerdote del vudú que decía haber reencarnado generación tras generación para seguir su trabajo de «hacer bien a la humanidad». Miguel disfrutaba la imagen que proyectaba.

Un día encontraron a Miguel colgando de un árbol. En su nota de suicidio decía: «No soporto más ser un esclavo del diablo, pero no me atrevo a llamar a Dios porque creo que ya no hay perdón para mí». No sabemos si alguien le habló de Cristo, pero qué bueno hubiera sido que alguna persona le hubiera anunciado el camino de la paz con Dios. Lamentablemente, para Miguel ahora es tarde.

Johnny, el hijo de Miguel, escribe ahora el horóspoco de un periodiquito local. Si no hay nadie que lo lleve a Cristo y lo libere, ¿hasta dónde llegará esta maldición de los que han pisado el territorio del diablo?

Con el diablo no se puede jugar. Muchos lo hacen con la *ouija*, pensando que es un simple juego. Piensan que el ocultimo es el juego de moda. Sin embargo, Satanás lo toma muy en serio. Si Cristo no las libera y salva, las consecuencias de ese atrevimiento afectarán a las generaciones futuras.

3. La continuidad de celos, rencores, odios y venganzas. Se sabe de familias en Europa que por varias generaciones han albergado un odio profundo contra otras familias. Hay países, como Irlanda, donde a través de los siglos los católicos y los protestantes se han odiado y matado entre sí. Todo el conflicto de la dividida Yugoslavia tiene raíces en odios religiosos y raciales que trascienden varias generaciones.

Cuando en una familia se alientan los celos y se enseña a los hijos a vivir con celos de los éxitos, las posesiones y las bendiciones de otros, los hijos hacen lo mismo con sus hijos, y estos a su vez con sus propios hijos. Se pueden heredar actitudes de rencor, odio y venganzas contra otras personas.

Mónico es un mexicano de unos treinta y cuatro años. Cuando todavía no había nacido, apenas terminada la Revolución Mexicana, Hermenegildo Arredondo mató al abuelo de Mónico por asuntos de tierras. Sabiendo que en aquella época y por aquellos lares el derramamiento de sangre se pagaba con sangre, el asesino decidió huir hacia los Estados Unidos. La familia del asesinado le perdió el rastro. No obstante, mataron a dos de los hijos del asesino. Seguidamente, los Arredondo mataron a otros de la familia de Mónico. En el año 1979, Mónico decidió completar la venganza derramando más sangre. No conocía físicamente a ningún Arredondo, pero de alguna manera supo donde estaban los Arredondo, descendientes del asesino de su abuelito, y fue a Santa Ana, California, a matarlos. Pero un día, estando en esa ciudad, pasó por una iglesia cristiana. Atraído por la música, oyó el mensaje de la Palabra de Dios, se convirtió a Cristo y el Señor le transformó su odio y sed de venganza en amor por sus enemigos.

Enseguida comenzaron a crecer en la gracia del Señor gracias a las enseñanzas y discipulado de un miembro de la iglesia llamado Fermín. Un día Mónico le confesó a Fermín a qué había ido a los Estados Unidos. Fermín se dio cuenta inmediatamente que el apellido de la familia que Mónico buscaba era el mismo que él llevaba: Arredondo. Después de conversar por largo tiempo, Mónico supo que el hombre que lo estaba guiando a ser más como Jesús era el nieto del hombre que mató a su abuelito. Era de los que él había ido a matar.

El abrazo y el perdón entre hermanos terminó con el odio y el deseo de venganza, y cortó la cadena de maldición en esa familia. Una vez más se cumplía lo que dice la Biblia: «Mis caminos no son vuestros caminos, dice el Señor».

El ministerio de la liberación de legados familiares negativos.

¿Tiene la gente que quedarse atada a estas herencias y maldiciones? ¡Definitivamente no! ¿Cómo puede la gente ser liberada de estas ataduras, maldiciones o herencias? Vamos a darle *cinco pasos* que en nuestro ministerio *Salvemos la Familia* nos han dado buen resultado en cientos de casos que tratamos casi todos los días en nuestros centros.

1. Reconocer el origen de la maldición o herencia. Las personas que saben que una fuerza superior a ellos mismos los tiene atados deben entender que esa fuerza es una de tres cosas:

- *Su propio hombre exterior vendido al pecado*. En este caso están viviendo el vaivén de querer hacer lo que Dios dice, pero hacer lo que no deben. Como dice Pablo, son personas que están atadas a un cuerpo de muerte. La putrefacción del muerto les roba la paz y la vida en Cristo. El reconocimiento de Cristo como Señor, y el saber entregarle las tentaciones a Dios (las dudas y esos pecados repetitivos) nos da la victoria en Jesús, Señor nuestro (1 Corintios 15.57).

- *Una herencia de maldición* que ha ido pasando de generación en generación en su propia familia, y solo puede quebrarse cuando se reconoce su origen y se quiere ser libre.

- *Algún grado de demonización*. Han entregado territorio de su vida a espíritus malignos. Estas personas pueden alcanzar liberación ejerciendo el poder que Jesús da a todos sus discípulos de «liberar a los endemoniados».

2. Renunciar a esa herencia. Es necesario que la persona esté consciente de que arrastra algo que no adquirió por pecado propio, sino que le ha llegado como una herencia de familia. Debe querer romper las cadenas de opresión que lo impulsan a cometer involuntariamente ciertos pecados. Tiene que rebelarse contra el poder que el diablo cree tener sobre ella. La Biblia dice «no déis lugar al diablo». Ese «lugar» es el espacio físico que el diablo puede penetrar y tomar para apoderarse total o parcialmente de una vida. Cuando Cristo toma el control central de una vida como Señor y Rey, el Espíritu Santo llega y la llena con su presencia, su poder, su dirección y la gracia de Dios. En una vida así, el diablo no tiene ya cabida. No le quedan puntos de apoyo donde sostenerse y hacer casa para seguir hiriendo con maldición, herencia o pecados repetitivos. ¡Es muy importante que la persona reconozca que existe el problema y que desea ser libre de él!

3. Pedir perdón a Dios por creer las mentiras de Satanás. El diablo sabe susurrar cosas bonitas al oído de la gente. No en balde se presenta transformado como un ángel de luz. Pero también es acusador y se complace en esterilizar espiritualmente a los creyentes, acusándolos continuamente de pecados, especialmente de esos pecados que uno lleva encima y que no sabe por qué, a pesar de orar y pedírselo a Dios, no se van de la vida. No hay que orar para que Dios nos quite los pecados en general; hay que orar reconociéndolos y pidiendo perdón por los pecados específicos que hemos cometido, para que «el Cordero de Dios que quita el pecado del mundo» actúe, los perdone y los quite.

No olvidemos que el diablo es experto en hacer que se dude de la Palabra de Dios. Lo hizo con Eva, lo trató de hacer con Jesucristo, lo hizo con Pedro solo unos minutos después de haber recibido este una tremenda revelación. Si el diablo te hace creer que tus pecados no han sido perdonados y que todavía están presentes en tu vida, te tendrá enganchado y nulo para el servicio del Señor.

4. Perdonar a las personas que nos han ofendido y que iniciaron la cadena o herencia espiritual. Si estas personas están vivas y podemos ir a ellas, mucho mejor. Hay que ir a ellas, no para reclamar ni para avivar el problema, sino para confrontar, hablar, dialogar y perdonar. Si la o las personas no están cerca, utiliza el teléfono, el correo u otra vía de comunicación factible. Si la persona ha fallecido, de todas maneras uno la debe perdonar. En el perdón, no siempre el victimario se libera; pero la víctima que perdona siempre se libera.

Hay mucha gente tan ofendida que se resiste a perdonar a quien la ofendió. Olvida que cuando una persona dice el Padrenuestro entre otras cosas dice: «Perdónanos nuestras deudas, como nosotros perdonamos a nuestros deudores». ¿Sabes lo que uno está diciendo a Dios cuando oramos el Padrenuestro? Le estamos diciendo: «Trátame como yo trato a los demás. Si perdono, perdóname. Si golpeo, golpéame». Si vamos al idioma original del Nuevo Testamento (el griego), la palabra que se traduce «deudas» denota algo enorme que uno ha hecho contra Dios, algo de alcance tan terrible que solo por la gracia y la misericordia de Dios nos es perdonado. Si fuera por nuestros méritos, nunca recibiríamos perdón. En cambio, la palabra que se traduce «deudores» denota personas que han cometido contra nosotros faltas tan pequeñas, tan insignificantes y de poca monta, que fácilmente podrían echarse al olvido. Por eso, para poder ser libres de ataduras, maldiciones o herencias, hay que perdonar a los que nos ofenden.

5. Comenzar a moverse en la fe de la liberación y el perdón recibidos. El diablo es terco y parece estar convencido de sus propias mentiras. Dicen que no hay peor mentiroso que el que cree sus propias mentiras. Eso es lo que le pasa al diablo. Por eso insiste en acusarte de que no has sido perdonado, ni liberado de tus cadenas. Sabe que si lo oyes una sola vez, y logra sembrar en ti la duda, habrá matado tu fe, y volverá a tener punto de apoyo para llegarse a ti no con uno, sino con siete peores que él, como dijo Jesús. Por eso tienes que confesar, proclamar y moverte en fe. Tus oídos no pueden dar crédito a la mentira, a la duda ni a las sofisticaciones del diablo. Tienes que creer a Dios. Si Dios dice que te libera, es verdad: ¡Él te libera!

Ahora bien, si Dios te perdonó y te liberó; si perdonaste y liberaste de culpa a quien te ofendió (y particularmente si esa persona es tu hermano), de ahora en adelante tu relación con esa persona tiene que ser totalmente nueva, fresca, llena del amor de Dios, y debe reflejar que en verdad ambos se aman en Cristo. Esto es lo que el diablo no quiere que suceda en tu vida, porque sabe que «en esto sabrán todos que somos sus discípulos, si nos amamos los unos a los otros». El amor entre los hermanos es el tiro de gracia a las aspiraciones de Satanás.

«Sin fe es imposible agradar a Dios». La fe mira al futuro. Es una confesión de que ya poseemos lo que todavía no vemos. Es una declaración de las acciones invisibles de Dios, que un día se tornarán visibles. Los hombres de fe no esperamos ver para creer. Lo que creemos se torna en realidad cuando sin ver confesamos que lo que no vemos ya es.

Una de las más grandes manifestaciones de fe se da en el seno de las familias cristianas. Estamos convencidos de que bendecir al esposo, a los hijos, a la esposa, a la familia entera, es algo que Dios lo toma muy en cuenta. ¿Sabes por qué? Porque Dios quiere en Cristo «bendecir a todas las familias de la tierra».

Podemos dejarle a nuestros descendientes un legado de bendición

La palabra bendición tiene en nuestro medio una amplia connotación religiosa. Muchas veces las palabras de continuo uso en el medio religioso pierden su significado y se convierten en muletas de apoyo para salir del apuro de un momento. Por ejemplo, a un hermano que viene con mucha prisa lo saludamos; este sigue su camino sin detenerse y nos dice: «Que Dios lo bendiga, hermano». Nos preguntamos, ¿realmente esta persona quiso decir eso, o fue solo la expresión de una costumbre religiosa?

En este libro hemos estudiado que el propósito de Dios al formar un pueblo especial, cuya antorcha hoy lleva la Iglesia, es *bendecir en Cristo a todas las familias de la tierra.*

¿Qué significa bendecir familias? ¿Está hablando de palabras religiosas que se lleva el viento? ¿Está hablando de rituales repetitivos que pierden su significado? ¿Está hablando de profundidades teológicas que difícilmente podemos entender? ¿De qué se habla cuando decimos: bendecir a las familias de la tierra?

Smalley y Trent dicen que hay cinco elementos básicos en la bendición, ellos son: **1.** El contacto físico significativo; **2.** La expresión verbal de la bendición; **3.** La expresión de una profunda valoración; **4.** La descripción de un futuro especial; y **5.** El compromiso activo. Ellos lo expresan en un solo párrafo de la siguiente manera: «La bendición familiar comienza con contacto físico entre el que bendice y el que es bendecido. Continúa con palabras que expresan una profunda valoración, un mensaje que describe un futuro especial para el individuo al cual se está bendiciendo, basado en un compromiso activo de ver cumplida la bendición».[1]

Nos encanta esta definición, porque nos da algo tangible que se convierte en realidad visible, y pasa de lo meramente teológico y especulativo a lo que es práctico. En su esencia más pura, bendicir y ser bendecido significan aceptar y ser aceptado. Esa es la gran necesidad de todo ser humano desde que está en el vientre de la madre. Todos queremos que nos acepten: los padres, los familiares, los maestros, los compañeros, los patrones, los amigos. En fin, queremos que nos acepte todo el mundo. Queremos ser bendecidos.

¡Cuántos hombres y mujeres llegan a nuestras oficinas en busca de consejo porque han sido rechazados por sus seres amados, algunos de ellos desde el mismo vientre de sus madres! Tal fue el caso de Carolina. Cuando María (su madre) quedó embarazada, los padres de Carolina pensaron que el mundo se les caía encima. Sus planes de estudio, trabajo y afianzamiento de la relación matrimonial se veían entorpecidos por el nacimiento de un niño.

Al principio se tomó la seria decisión de abortar la niña. Pero hubo algo en sus conciencias que les impidió llegar a tal atrocidad. Sin embargo, alentada por su esposo, María no hizo más que quejarse durante su período de gestación por el estorbo que constituía aquella criatura. Cuando la niña nació, las actitudes cambiaron. La pequeña se convirtió en la alegría, el gozo, los planes, los sueños y el centro de atracción de

1   Smalley y Trent, *La Bendición*, Editorial Betania, Miami, FL, 1990, p. 23

todos. Pero la semilla del rechazo ya estaba sembrada en el alma de Carolina.

La niña creció básicamente con todo lo que un niño necesita. Sin embargo, pasaba largo tiempo mirando a su madre, como quien pide algo y nunca se lo dan. Se hizo inquieta en la casa, en la escuela y en la iglesia. Hasta que un día su madre pidió consejo. Descubrió que, en efecto, había creado un espíritu de rechazo de su niña durante el embarazo. Y la niña lo había absorbido, y en todo lo que hacía buscaba la aceptación de su mamá. Quería su bendición.

Es necesario que todos los seres humanos aprendamos a bendecir. Bendecir es pronunciar palabras que de alguna manera sueltan el favor y la gracia de Dios sobre aquellos a quienes bendecimos. El padre debe bendecir a sus hijos, y lo mismo la madre. El esposo debe bendecir cada día a su esposa, y esta debe hacer lo mismo con él. Los hijos deben aprender a bendecir a sus padres. La bendición que se da y la bendición que se recibe son elementos esenciales para triunfar en la vida.

El contacto físico de los padres con los hijos es fundamental. El machismo de muchos de nuestros hombres (aprendido en el mundo secular) les impide abrazar a sus hijos, no deja que los varoncitos lloren cuando tienen necesidad de hacerlo; y muchos crían a sus hijos en estricta disciplina militar, como si ellos fueran generales y los muchachos fueran soldados rasos. Créenos, los hijos también se alimentan del afecto físico expresado en abrazos, juegos, besos y caricias. Esto también es bendición.

La autoestima positiva, de la que ya hemos hablado bastante, viene sobre nuestros hijos cuando nosotros los padres les damos el estímulo, el reconocimiento y el valor que merecen por el simple hecho de ser nuestros hijos. ¿Hay alguna zorra que alguna vez haya dicho que sus hijos son feos?

La declaración de que ellos pueden, que no hay nada imposible cuando se está en Cristo, abre a nuestros hijos un futuro brillante. Una familia bendita es una familia que sabe bendecir. Se bendice ella misma y bendice hacia afuera.

Y finalmente, los padres que bendicen no se limitan a expresar deseos, sueños y planes para un futuro lejano. Además de hacerlo, se sacrifican, pagan el precio y trabajan al lado de sus hijos instruyéndolos, disciplinándolos y creando en ellos el carácter y el destino final que se declaró en la bendición.

Un amigo leyó este pensamiento en alguna parte hace más de treinta y cinco años:

Cultiva un pensamiento, y cosecharás un acto.
Cultiva un acto, y cosecharás un hábito.
Cultiva un hábito, y cosecharás un carácter.
Cultiva un carácter, y cosecharás un destino.

La bendición no es un montón de palabras automáticas. Las palabras son el gatillo que detona la gracia de Dios. Dios cree en la bendición que pronuncia un padre. Él también es Padre. Como Padre, un día bendijo a su Hijo con estas palabras: «Este es mi Hijo amado en quien tengo complacencia; a Él oíd».

Pero es importante pronunciar las palabras. Estas se originan en el corazón y toman forma en el cerebro. Las trasmitimos a nuestros hijos, quienes al recibirlas las convertirán en actos, en hechos. Cuando esos hechos se repiten a lo largo de la vida, se convierten en hábitos. Los hábitos en conjunto producen el carácter de la persona. Y un carácter bien encaminado, semejante al carácter mismo de Jesús, produce el destino de una vida bendita.

«Bendecid y no maldigáis», dice el apóstol Pablo. Etimológicamente hablando, bendecir es decir lo bueno de alguien. ¿Podrás tú decir lo bueno de alguien? ¿Será posible comenzar a ver lo bueno, lo que de Cristo hay en cada persona y pronunciarlo, creerlo y esperarlo en fe? ¿Te imaginas lo que pasaría en el mundo, en las naciones, en las ciudades, en las iglesias, en las escuelas, en los gobiernos, en las corporaciones y empresas, si todos comenzáramos a decir lo bueno de la gente, a bendecirlas? ¿Te imaginas lo que pasaría en cada familia si padres, hijos, suegros, hermanos, nietos, etc. nos bendijéramos unos a otros?

«Y estas palabras que yo te mando hoy, estarán sobre tu corazón; y las repetirás a tus hijos, y hablarás de ellas estando en tu casa, y andando por el camino, y al acostarte, y cuando te levantes. Y las atarás como una señal en tu mano, y estarán como frontales entre tus ojos; y las escribirás en los postes de tu casa, y en tus puertas» Deuteronomio 6.6-9.

Capítulo trece

La vida sexual de los jóvenes

Reflexionando sobre el título de este capítulo, nos hicimos las siguientes preguntas: ¿Tienen vida sexual los jóvenes? O mejor dicho: ¿Deben tener vida sexual los jóvenes? Te das cuenta, amado lector, que estamos frente a un asunto de ética, de moral y, ¿por qué no?, de convicciones. Este es uno de los terrenos de la vida moderna donde la maldición y la bendición chocan intensamente.

El pobre Jorge fue un niño enfermizo desde su nacimiento. Una enfermedad tras otra minaron sus fuerzas, y desde muy pequeñito dependía de su mamá absolutamente para todo. Incluso, cuando un niño de cinco años podía valerse por sí mismo, Jorge no era así. Su madre lo vestía, le daba de comer, lo bañaba y lo llevaba de la mano al jardín infantil. Mientras que sus hermanos hacían vida normal, Jorge pasaba casi todo el tiempo entre las faldas de su mamá.

Ella era una modista famosa. Tenía un taller en su propia casa, y desde luego, sus empleadas eran todas mujeres. Así que lo que allí se decía y hacía estaba totalmente impregnado del sabor, el color y las actitudes femeninas. Esto era lo que Jorge miraba, imitaba y oía todos los días.

El papá de Jorge era un hombre de carácter débil, sin autoridad y muy sujeto a los deseos, voluntad y actitudes, que de muy mala manera, le imponía su esposa. Era un hombre que necesitaba la aceptación de otros, temeroso del rechazo, y con la sombra de un padre triunfador, empresario, rico y muy autoritario.

Así que su trato con sus hijos era la antítesis de lo que él mismo había recibido de su papá: suave, sin compromiso, charlatán y desvaneciéndose en los momentos de crisis.

Muchos comenzaron a notar ciertos gestos afeminados en Jorge, incluso en una muy temprana etapa de su niñez. Pero todo esto se justificaba diciendo: «Pobrecito, es que ha sido tan enfermo, que está muy consentido... Ya se le pasará».

Pero no se le pasó. Jorge se convirtió en un adulto cuya figura externa era la de un varón, pero cuya siquis era la de una mujer. Un día dejó, para sorpresa de todos, las faldas de su mamá y se fue a otro país lejano y grande. Allí, como el hijo pródigo, vivió perdidamente hasta que malgastó lo más preciado que tenía, su vida. Fue una de las primeras víctimas conocidas del SIDA. Sus padres contribuyeron enormemente, por no decir que totalmente, para que este muchacho fuera reconocido como un homosexual desde que tenía doce años de edad.

Nosotros no creemos que los padres le instruyeron y le inculcaron la conducta homosexual. ¡Por supuesto que no! Pero el hecho es que cuando los deberes de los padres se invierten, una situación normal, como lo es una enfermedad, se puede tornar en un pretexto para que una persona asuma el papel sexual en la vida que no le corresponde.

Y permítenos ahora hacer una pausa, casi saliéndonos del tema. Hoy es muy común oír, leer, y defender ardientemente el tema de que la homosexualidad es genética. Es decir que se nace ya con la disposición de vivir ese llamado estilo de vida. Pero hasta la fecha, ningún genetista ha encontrado una sola razón biológica a nivel de la ciencia genética, que nos indique que una persona nace siendo homosexual. Todavía está firme y en pie el hecho de que el varón determina el sexo de sus hijos, y que el aporte genético de los padres produce una de dos opciones, y solo esto: varón o hembra.

En otras palabras, la Biblia tiene razón cuando dice: «Varón y hembra los creó Dios».

Elizabeth era una chica muy popular, además de muy bonita. En el barrio todos le decían de apodo, «Miss Universo». Y parece que Liza, como la llamaban otros, se lo creía a pie juntillas. El grave problema de Liza es que apenas tenía trece años de edad. Pero la fama mal llevada, la belleza mal orientada, y el acoso y consejo de los «amigos», dieron al tacho de la basura con la vida de Liza. Comenzó a experimentar vida sexual con uno y con otro muchacho. Parecía que su aceptación en el grupo de amigos estaba condicionada a que ella fuera la mujer de todos los varones.

Cuando una muchacha no se acepta a sí misma y tiene baja autoestima, busca aceptación haciendo cosas fuera de lo normal.

Al cabo de algún tiempo aquello no fue suficiente para Liza. Abandonó la escuela, se fue de su casa y se puso a vivir con mujeres mayores que ella en los suburbios de una gran ciudad. Desde allí, saltar a la prostitución fue solo cuestión de días y de hambre.

Elizabeth se perdió en las penumbras sucias de la gran metrópoli. Es como si un monstruo se la hubiese tragado sin dejar rastros de ella.

Pasaron los años hasta que un día sus dolidos y amargados padres recibieron un telegrama: «Su hija Elizabeth ... está gravemente enferma en el hospital». Los padres corrieron al centro de salud. Llegaron al cuarto común donde había muchas camas y comenzaron a buscar afanosamente a su bella, a su linda Liza, la muñequita casi de porcelana que a todos embelesaba con su belleza. Pero, aparentemente, Liza no estaba en ninguna de las camas de ese cuarto. Le dijeron a una enfermera: «Nos vamos, ninguna de estas es nuestra hija. Liza no está aquí». Pero una voz débil, casi moribunda les dijo: «Sí papá, sí mamá, yo estoy aquí». Ellos se volvieron para ver de dónde procedía aquella voz, y unas pocas camas más allá vieron un cuerpo casi inerte, flaco, demacrado, marcado por muchas cicatrices en el brazo y en las piernas.

Liza también era una víctima más del infernal SIDA. Toda su belleza y su juventud se habían escurrido de su cuerpo, y ahora solo quedaban, literalmente hablando, pedacitos de piel pegados a sus huesos...

¿Tienen los jóvenes vida sexual? Sí, muchos de ellos la tienen. Pero el precio que pagan es demasiado alto. Aquellos que no se consumen bajo las enfermedades terribles del SIDA, el herpes, la sífilis y todo tipo de enfermedades venéreas, se consumen por dentro.

Se pierden el respeto, pierden el gozo de una relación de intimidad tal y como la diseñó Dios; tratan de adelantar experiencias de la vida, de gozo, de armonía para las cuales todavía no están maduros. Y sobre todo para las cuales no tienen la bendición y aprobación divina.

Cómo nos alegra saber que ahora se están formando grupos de abstinencia sexual. Sí, estas buenas noticias no salen por radio, periódicos o televisión. Pero en los Estados Unidos y Canadá ha nacido un nuevo movimiento en medio de la juventud cansada, agobiada y temerosa de un mal mayor y de enseñanzas erradas.

Los muchachos y muchachas están formando grupos cuya norma es «esperar hasta el matrimonio». Han decidido que hay mucho que estudiar, mucho deporte que practicar, mucha vida social que vivir sanamente. Y déjanos decirte, no son grupos religiosos en manera alguna. Son simplemente jóvenes cansados de la hipocresía que han aprendido de la famosa generación «hippie» de los años sesenta. Son jóvenes que hoy, desde la misma Casa Blanca hasta sus hogares están viendo los resultados de la famosa revolución sexual de la segunda mitad del siglo XX.

Y no es solo en esos países. Conocemos de un fuerte movimiento en pro de la pureza sexual en muchos países hispanos. En Costa Rica, por ejemplo, las escuelas están siendo visitadas por jóvenes que promueven la abstinencia, esperar hasta el matrimonio. Supimos de una concentración de casi cien mil jóvenes en Argentina haciendo votos de pureza sexual. Fueron ridiculizados por algunos medios de comunicación pero desde el cielo Dios les regaló una de sus sonrisas más lindas.

Nosotros no somos timoratos, ni ingenuos; ni mucho menos estamos tratando de imponer en ninguna persona una carga que no puede llevar sola. Estamos muy claros en esto, tal vez en el mundo no hay un impulso, una fuerza más grande que el deseo sexual.

Estamos claros que existe un punto desde donde no hay más retorno. Pero nuestra pregunta es: ¿Por qué los jóvenes tienen que darse libertades que los lleven hasta ese punto?

¿Es que no hay padres que hablen francamente, con libertad, con amor y con autoridad sobre un tema tan normal, tan humano, pero tan delicado como es la actividad sexual?

Estamos muy asustados con los sistemas escolares que conocemos de casi todas las partes del mundo. Dicen que les imparten clases de educación sexual a los muchachos. Sí, es cierto, hemos visto algunos tópicos: 1. Biología del Sexo. 2. Diferencias entre hombres y mujeres. 3. Respuestas sexuales de hombres y mujeres. 4. Cómo tener sexo seguro.

En realidad esos temas lo que están haciendo es enseñándole a los muchachos cómo adelantar su tiempo, y cómo envolverse irresponsablemente en la vida sexual activa desde su temprana juventud. Hay muchísimas estadísticas que se aplican a diferentes partes del globo en cuanto a la actividad sexual de la juventud. Sus números nos espantan.

El corolario de la actividad sexual, por más que se cuiden y practiquen el mal llamado «sexo seguro», es el mismo: embarazos de adolescentes, abortos y enfermedades. ¡Qué ridículo se vio uno de los anfitriones del programa «Despierta América», muy conocido en la televisión hispana de los Estados Unidos, tratando de mostrar a los padres cómo enseñar a los hijos el uso del preservativo!

¡Cuántas jovencitas llegan a nuestras oficinas y centros de *Salvemos la Familia* para pedir ayuda porque están embarazadas, porque sus padres, amigos y maestros les aconsejan que aborten, o porque ya han abortado, y la culpa las está matando! Nuestras oficinas no dan abasto con la cantidad de padres y madres desesperados que piden consejo, porque no saben qué hacer con sus hijos sexualmente activos.

Pensamos que a este punto es necesario que hagamos una distinción. Todos los adolescentes comienzan a descubrir durante esa tremenda etapa de sus vidas la necesidad de amar y ser amados. La vida romántica es totalmente natural en la adolescencia. ¿Cuál de nosotros no recuerda esos años con una nostalgia natural y muy sana? ¿Cuál de nosotros no recuerda que en aquellos tiempos vivía enamorado? Tal vez no precisamente de alguien en particular, pero vivíamos enamorados del amor.

Las relaciones románticas expanden todo el espectro de la vida de un adolescente. Cuando ese chico y esa chica que ahora salen juntos y dicen que son novios, tenían nueve años de edad, no podían verse ni en fotografía. Se peleaban, se insultaban, se sacaban la lengua y si podían, hasta se golpeaban. Pero una vez que las hormonas comienzan su natural revolución en el organismo, entonces la canción que comienzan a cantar es otra muy distinta. Miradas de reojo, sonrisas veladas, mensajitos escritos en papelitos cortados y desde luego, las inevitables y muchas veces inoportunas llamadas por teléfono.

Un amigo nuestro le preguntó a su hijo de quince años, por qué había decidido hacerse de una noviecita siendo él tan joven. El muchacho muy seguro de sí mismo le dijo: «Papá, esa muchacha es alguien a quien yo admiro mucho, y no la tengo solo para pasar tiempo con ella; ella también dice que me admira a mí. ¿No crees que eso dice que yo soy una persona admirable?» Qué bueno, un poquito subido de tono en su autoestima, pero de que tenía muy buena autoestima, la tenía.

Y eso es bueno. Todo ser humano tiene que aprender a socializar, a expresar sentimientos, sobre todo si estos son nobles y puros.

El problema de nuestra juventud es que está muy confundida. Ella vive bombardeada por una andanada fétida de pornografía y se le da sexo hasta en los anuncios de cereales. Sexo es tal vez la palabra que más usan los jóvenes de todo el mundo a todas horas del día. Han descubierto la fuerza irresistible, el placer indescriptible, y a toda costa se hacen el lugar, la hora y la libertad para usar, aquello para lo que todavía no están listos. ¡Qué lástima!

El sexo mal usado, como es casi normal en la juventud, conduce a situaciones traumáticas que luego se revelan posteriormente en el matrimonio.

La mayoría de las parejas divorciadas que aducen desajustes sexuales, reconocen que estos desajustes no se deben a lo que ambos desconocían del sexo, sino a la mucha información pervertida y errada que recibían. La expectación que los obligó a tener tanta literatura e información malsana que tuvieron a mano, los condujo también a un estado de frustración continua, de maldiciones mutuas y acusaciones falsas. Matrimonios así no duran nada.

Te vamos a dar una estadística, que ya tiene varios años, pero como forma de ilustración nos dice lo que pasa con un vasto sector de la juventud actual. Según la revista *Time* (Mayo de 1993), el diecinueve por ciento de los adolescentes entre trece y quince años ya habían tenido una o más relaciones sexuales completas; el cincuenta y cinco por ciento de los adolescentes entre dieciséis y diecisiete años también lo habían tenido. Los adolescentes de dieciocho y diecinueve años elevaron el porcentaje a un ochenta y ocho por ciento.

Tenemos que admitir que este es un tema del que a los padres, en términos generales, no nos gusta hablar. No lo hacemos entre nosotros para ayudarnos, y tampoco lo hacemos con los hijos. La mayoría de nosotros crecimos en medio de generaciones donde hablar de sexo con los padres, o los padres con los hijos, era un tabú, una terrible falta de respeto.

La iglesia tampoco nos ayudaba en esto. Muchos de los mensajes que oíamos eran de condenación, pero muy pocos de prevención, y casi ninguno de información. Y la escuela estaba muy ocupada enseñándonos matemáticas, geografía, gramática y ciencias.

Si la familia de hoy quiere sobrevivir a esta selva tupida de libertinaje al que se está enviando a nuestros hijos, va a tener que resucitar la comunicación franca, abierta, honesta, bien informada, y sobre todo con una perspectiva bíblica sobre el asunto. Los muchachos no se enojan cuando les decimos la verdad. Lo triste es que la mayoría de los padres no saben decirla en amor. Por eso los jóvenes se sienten heridos, condenados, acusados, y terminan por cerrarnos todas las puertas de comunicación.

A muchos de nuestros jóvenes no los intimidan las demandas del evangelio, al contrario, quieren vivir en santidad. Es más probable que ellos crean y acepten alegremente nuestros valores, cuando los ven reproducidos en nosotros. Ellos saben reflexionar y llegar a conclusiones y dicen: «Si a papá y a mamá este estilo de vida les ha funcionado, entonces debe ser bueno. Yo lo quiero también para mí». Pero si dicen: «Papá y mamá predican una cosa, pero viven otra», entonces rechazan nuestros valores, ideas y creencias.

No olvidemos como padres que nuestros jóvenes tienen una tremenda lucha frente a la presión del grupo de amigos y de compañeros de escuela. Para el joven es muy importante lo que dicen de ellos mismos los otros muchachos. Y el argumento defensivo que para ellos es válido, es: «Si todo el mundo lo hace, ¿por qué yo no?»

Esto nos recuerda el caso de una joven de ascendencia cubana, inscrita en una gran escuela secundaria donde era reconocida por sus dotes musicales, por su belleza física, y por una simpatía que irradiaba en todas las direcciones.

Un día ella, una cristiana muy fiel a su Señor, se acercó a su pastor y le dijo: «Tengo una presión sobre mí muy grande. Mis compañeras dicen que soy una tonta, anticuada, y que me estoy perdiendo lo mejor de la vida. Los compañeros me acosan, me invitan a irme con ellos, y me dicen que si todas lo hacen, por qué yo no lo hago. ¡Pastor, ayúdeme por favor!» El pastor, muy sabiamente ayudó a la linda y fiel señorita, la felicitó por su valentía al atreverse a ser diferente en medio de una corriente que arrastra con fuerza. Después, la fortaleció en su fe, le dio razones para mantenerse fiel al Señor y le garantizó que la fidelidad le traería, con el tiempo, resultados muy hermosos en su vida.

En efecto, un día llegó a la iglesia otro joven de su misma ascendencia. Un muchacho de convicciones sólidas, puro en Cristo, puro en cuanto a su vida sexual; guardándose, como él mismo decía, para la mujer que Dios le diera un día como esposa.

Ambos se conocieron y se hicieron novios bajo el consentimiento de sus padres. Se graduaron de la escuela secundaria, fueron a la universidad y se casaron.

Hace unos días vinieron desde la Florida, en los Estados Unidos, a visitar a su ex pastor. Ella le dijo: «Pastor, muchas gracias por haber orado y llorado conmigo; gracias por sus consejos, y por la fortaleza que me dio en el momento más débil de mi vida. Tenía razón, guardarme pura para el Señor me ha bendecido mucho, mire...» y señaló a su esposo y a sus dos lindos y pequeños hijos.

Tú, padre y madre, nosotros, y todos los que tenemos responsabilidad sobre nuestros adolescentes, debemos protegerlos de las presiones que los asechan continuamente.

No temamos compartir los principios de la Palabra que tienen tanta vigencia hoy, como la tuvieron el día que fueron escritos. Los jóvenes quieren padres con autoridad que les digan sí o no y que vivan de acuerdo a como hablan. ¿Será mucho pedirte?

Y a ustedes jóvenes, generación fresca, nueva y llena de vida y entusiasmo, gracias por guardarse puros para el Señor.

Pero si tú joven varón, o tú, joven señorita, has cedido ante la terrible presión de afuera, has cedido ante los embates del mismo diablo en contra de tu pureza, y has caído, nosotros queremos decirte que el perdón de Dios es enorme en misericordia y piedad. Si te acercas a Él con un corazón sincero y contrito, no te despreciará. Él puede volver a tu espíritu una condición de virginidad espiritual que te será más que suficiente, para presentarte un día en el altar, sin tener que avergonzarte de nada.

¡Todavía la gracia, la misericordia y el amor de Dios son más grandes que los juicios y críticas de los que no han madurado y te acusan!

¿Qué puede hacer un joven cristiano para mantenerse puro en medio de tanta presión del mundo exterior en el que tiene que vivir todos los días? Si lo permites, te presentaremos algunos consejos:

• Procura no estar a solas nunca por mucho tiempo con una persona del sexo opuesto.

• Cuando salgas a pasear, hazlo con un grupo, en vez de salir solo. Hazte acompañar.

• Comunica siempre a tus padres a dónde vas, con quién vas a estar, y qué vas a hacer.

• Permítele a tus padres que conozcan a tus amigos, y cerciórate de que también conozcan a sus padres.

• Cuando alguien te haga una proposición de tipo sexual, al igual que en la campaña para el uso de las drogas, aprende a decir, «¡No!» Es mejor correr con las ropas en la mano, como hizo José en Egipto y ganarse el favor de Dios, que creerse muy vivo haciendo lo que no debes a escondidas, y que luego sea Dios quien te desnude en público a causa de tu pecado.

• Comparte siempre con tus padres y con tu líder espiritual tus tentaciones, los asechos de los que eres víctima, y la presión que traes encima.

- Habla con Dios sobre tus necesidades fisiológicas. Recuerda que «Cristo fue tentado en todo, y no pecó». Si alguien puede entender a un joven y sus tentaciones es Él. Como joven, tuvo que pasar por lo mismo. ¡Descubre cuál fue su secreto para triunfar! Ve y haz tú lo mismo.

- Finalmente, les regalamos un consejo de amor que nosotros recibimos de alguien muy amado. «No dejen que pase ningún día sin hacer algo bueno por otros, aunque sea una sola cosa».[1]

Tú joven, y tú padre, es en la unión, en la comunicación, en la oración unida, en el servicio conjunto, en la confianza mutua en las que están ancladas las amarras de la victoria. Ningún joven tiene que ser esclavo de las pasiones, de las presiones ni de las demandas sociales o culturales en que vive.

El evangelio es libertad, es camino de victoria, es vida abundante. El gran secreto es aferrarse a las promesas de Dios. Aferrarse a los sueños de Dios. El gran secreto es no perder la fe, ni la esperanza. Actúa con Dios y no te des por vencido.

Cuando te encuentres en un momento débil de tu vida, en el que parezca que la tentación es más grande y fuerte que tú, recuerda este versículo: «Porque no nos ha dado Dios espíritu de cobardía, sino de poder, de amor y de *dominio propio*» (2 Timoteo 1.7 énfasis del autor).

---

1 Consejo que Noemí guarda escrito en una servilleta y que enmarcado sirve de adorno en nuestra casa. Nos lo dio su mamá, Humildad.

Un equipo imbatible: Dios y la Familia

Capítulo catorce

Nunca te des por vencido

«No hay ninguna posibilidad de que nazca normal». Así respondió el especialista de riñones a la pregunta de nuestro hijo Marcelo. A finales de septiembre de 1998 el examen de ultrasonido que hicieron a nuestra nuera embarazada indicó que el segundo nieto tenía los riñones grandes y con quistes. «Vivirá una semana o un año; o si vive más, tendrá problemas». Así dijo, entonces, el médico. Más tarde volvió a confirmar el diagnóstico. Faltando tres días para el parto, cuando repitieron el ultrasonido, a la pregunta de nuestro hijo de si había alguna posibilidad de que naciera el niño sin problemas, el especialista contestó: «ninguna».

Estábamos consternados. Le ofrecimos al Señor cualquier cosa que nos pidiera a cambio de la salud de nuestro nieto. Tres o cuatro intercesores cercanos empezaron a «bombardear» el Reino de los Cielos. Nuestra oración fue: «Señor estamos listos a aceptar tu voluntad. Tú sabes que te amamos y te seguiremos amando pase lo que pase. Nuestra relación contigo no depende de que hagas o no hagas algo para nosotros. Pero si nos ofreces la opción de pedirte, clamar a ti y esperar la sanidad, optamos por esta gracia. Entregamos nuestro nieto en tus manos. Es para ti y para tu gloria».

El lunes treinta de noviembre, a las diez y cuarenta y siete de la noche, nació nuestro precioso segundo nieto. El miércoles por la tarde nuestro hijo y su esposa estaban listos para otro examen de ultrasonido al niño recién nacido. Al salir de la habitación donde ella todavía estaba, las dos parejas, abuelos y padres, tomados de las manos en el corredor del hospital, rodeamos la cunita del niño y clamamos por su completa sanidad.

Al rato Marcelo y Lisa regresaron con rostros brillantes al cuarto del hospital donde les esperábamos. «Está normal. No tiene nada».

El médico dijo: «Estoy sorprendido. Este es otro niño; no tengo forma de explicar esto».

Nicolás José, «el nieto milagro», es una prueba de que nunca debemos darnos por vencidos.

Te lo aseguramos, es hora de depender de Dios para el bien de nuestras familias.

Para mucha gente el último recurso es Dios, cuando de resolver un problema, enfrentar una crisis, o solucionar una situación difícil se trata. Según el decir popular se acuerdan de Dios cuando ya es tarde, o cuando ya se han agotado todas las otras opciones.

Es muy importante que el ser humano aprenda a confrontar y a resolver sus problemas contando con los recursos y habilidades que tiene a mano. No podemos esperar que otros hagan las cosas por nosotros. El asunto es que debemos reconocer que lo que tenemos, bien sea del orden material, emocional, intelectual, de las habilidades, talentos, etc., lo hemos recibido gratis. La vida no la inventamos nosotros, la recibimos. El aire que respiramos no lo inventamos nosotros, lo recibimos. La fuerza para trabajar, la inteligencia para crear, las habilidades para producir, la

experiencia para desarrollarnos, todo esto, absolutamente todo, viene de Dios.

Nos maravilla cómo el pueblo hebreo se refiere a
Dios en varias ocasiones en los libros del Antiguo Testamento, reconociendo como uno de sus atributos su
capacidad única de ser el Creador del universo, de la
tierra y de todo lo que nos rodea. Desde este punto de
vista, Dios tiene todos los derechos de autor. Sin embargo, su misericordia, su carácter y su amor hacen
que comparta con nosotros aquellas cosas que le son
inherentes solo a Él. Es por eso que tú y nosotros podemos decir que somos hechos a su imagen y seme-
janza.

Y es por eso, y solo por eso, porque Él no solo es el
autor sino el sostenedor de la vida, por lo que debemos buscarlo en primer lugar, sin importar las circunstancias que nos rodeen, ni lo críticas o especiales
que sean las situaciones diarias que confrontemos.
¡Cómo impactó en nuestra vida una frase que leímos
del escrito de un amigo! Con su permiso la reproducimos a continuación: «Dios no es el basurero de la
vida, no debemos esperar hasta el final para tirarle,
como inservibles, los desperdicios y sobras de lo que
somos, de lo que no pudimos ser, y de lo que esperábamos ser. Cada mañana nuestra vida misma debe ser
un altar, donde le ofrezcamos al Señor lo mejor que
tenemos, somos y buscamos...»

Claro, Dios nos va a permitir usar los recursos y
habilidades humanas que Él mismo nos dio, y las que
están alrededor nuestro, llámense dinero, medicinas,
herramientas, etc. Pero hay algo que llamamos la gloria de Dios, el honor de Dios, la honra de Dios, que Él

no está dispuesto a compartir con nadie. Estas le pertenecen solo a Él.

Además de ser quien tiene el conocimiento y los derechos de autor, Dios es el único que sabe cómo reparar lo que se ha dañado.

Creo que en otra ocasión te contamos esta historia que leímos de alguna parte, y que ahora reconstruímos con nuestras propias palabras: Se dice que una vez, allá por el año de 1929, un hombre muy bien vestido, con traje de lana, camisa almidonada y botines blancos, manejaba un automóvil Ford 28. De pronto, en medio del camino enfangado, el motor del auto se detuvo. Desde su asiento el chofer trató de hacerlo arrancar de nuevo, pero después de varios intentos, solo obtuvo el silencio del motor por respuesta. Se bajó del auto, sus pies se hundieron en el lodo hasta los tobillos, abrió el capote del motor, y comenzó a meterle mano a las diferentes partes de aquel sencillo motor. Todo esfuerzo era en vano, no podía hacerlo funcionar.

Mientras tanto, pasaba por allí, caminando por la acera construida de madera, un hombre alto y flaco, muy bien vestido y llevando un bastón en su mano. Saludó al chofer y le dijo: «Amigo, ¿puedo ayudarle a echar a andar su automóvil?» El dueño del auto lo miró, ensayó una sonrisa burlona y despreciativa, e inmediatamente pensó dentro de sí mismo, ¡qué puede saber de automóviles este petimetre!, y le dijo: «No, muchas gracias, yo creo que puedo hacerlo solo».

Pasó el tiempo y el automovilista seguía tratando de arreglar el motor dañado. Su paciencia se iba agotando, sus manos estaban llenas de aceite negro, su camisa se le había ensuciado, y hasta en su cara, mezcladas con el sudor, había manchas de la grasa del auto. Mientras tanto, el caminante seguía allí de pie, impávido, inmóvil, mirando al aprendiz de mecánico. De pronto, este, desesperado y agotado, volvió a ver al elegante flaco del bastón, y le dijo: «Bueno, si usted cree que puede hacer algo por mi coche, hágalo, yo me rindo». El hombre se arremangó la camisa, se acercó al motor, tomó dos cables, los entrelazó, y le dijo al chofer: «Eche a andar el motor de arranque». Así lo hizo y al instante, el auto arrancó y el motor comenzó a funcionar como se esperaba que lo hiciera un *Ford 28*. El dueño del auto muy sorprendido se volvió al transeunte y le preguntó: «¿Cómo supo usted qué era lo que tenía el auto? ¿Cómo hizo para descubrir de una manera tan fácil y rápida el daño? ¿Cómo pudo repararlo así, en un dos por tres?» El hombre se volvió con una sonrisa, y le respondió: «¡Muy fácil: yo soy Henry Ford, yo fabrico estos autos!»

Y este es nuestro punto, amado lector. Como te hemos dicho, nuestro mundo está enfermo, nuestras naciones están en crisis, la institución de la familia está perdiendo vigencia y autoridad, millones de individuos se están destruyendo a sí mismos en medio de una anarquía de sexo barato, enfermo y antinatural; divorcios que se cotizan al por mayor; abortos que se practican por millones al año en todas partes del mundo; incestos y abuso infantil de lo más doloroso que uno pueda pensar; ancianitos que son ayudados a terminar con su vida en salas médicas; drogadicción que invade desde los palacios de gobierno hasta los barrios más pobres en los suburbios de las ciudades; un índice de suicidios entre la juventud como nunca antes lo había; niveles de pobreza que convierten a familias enteras en seres paupérrimos y sin esperanza; gobiernos corruptos; educación decadente y una vida moral en bancarrota.

Y este no es problema solo de los pobres, sino de los ricos, y hasta de los super educados. Nuestro mundo está globalizado no solo por la economía, la política y el poder militar, también se ha globalizado todo lo que es antisocial, antinatural y en contra de Dios. Estamos a las puertas de la manifestación de un poder humano, sostenido por el mismo infierno, que se opondrá a todo lo que provenga de Dios.

Seguramente que a estas alturas del problema, la situación se ha hecho tan angustiante, tan crítica y desastrosa que muchos quisieran, como se dice en el boxeo, tirar la toalla.

Darse por vencidos, rendirse, dejarse llevar por la corriente y hundirse en las aguas profundas de esta piscina que es la vida. Pero eso es lo peor que puede hacer un ser humano. Los cobardes nunca conquistaron nada. Las cumbres de los montes las conquistan los que se arriesgan, los que no tienen miedo al fracaso, los visionarios. Nosotros queremos que tú seas un triunfador.

En la calle suele decirse que «mientras haya vida, hay esperanza». Y ese es nuestro mensaje, no te des por vencido, no tires la toalla, no mires la vida como si ya no tuviera futuro.

Sucede igual que en la historia de Henry Ford, el creador de sus famosos automóviles. Él podía repararlos mejor que nadie, porque él los hizo. Así también es Dios, Él no es solo el creador de la vida que vives y de tu familia, sino que Él es el único que puede reparar lo que está dañado sin importar lo grave, prolongado, difícil y destructivo que ha sido el daño.

Es más, mejor que reparar, Él lo vuelve a hacer todo nuevo. Dios sabía que todos tus talentos y habilidades naturales no te iban a alcanzar para reparar tu vida. Dios sabía que toda tu inteligencia y experiencia tampoco te iban a servir para este menester.

Aún más, Dios sabía que tu religión no te iba a servir para este propósito. «Bueno» dirás tú, «si mi religión no me sirve para salir adelante con mi vida, ¡entonces nada me sirve!» Espérate un momento y aclaremos esto.

Déjanos contarte una historia. Cuando este Dios maravilloso que nosotros tenemos, creó los cielos y la tierra, concibió en su corazón de Padre, desde antes de la eternidad, un propósito bellísimo: Él quería, y todavía quiere, habitar junto con el ser humano. Toda la idea de la Biblia, la Palabra de Dios, se reduce a una sola cosa: «Dios quiere tener su casa en medio de los hombres y habitar con ellos. Dios anhela vivir en tu propia vida, y en tu casa con tu familia. Usando la misma figura bíblica del tiempo de los profetas: Dios quiere poner su tabernáculo en medio de los hombres».

Dios creó aquella bellísima casa sin paredes, sin techo, sin pisos hechos por manos de hombres; una casa rodeada de ríos cristalinos y de aguas sanas con muchos árboles llenos de sabrosos frutos para el deleite de todos; una casa a la que todos los animales creados tenían acceso y eran amigos del hombre; que no necesitaba calefacción, ni aire acondicionado, ni ninguna comodidad que el mundo y la arquitectura y los decoradores modernos le pudieran ofrecer. Una casa cuya sombra eran las nubes, cuyo techo era el cielo azul, cuya luz de día era el sol y de noche las estrellas y la luna. Aquella era una casa perfecta. Era la casa de Dios en medio de un huerto hermoso. En esa casa Dios invitó a una pareja a vivir con Él, se llamaban Adán y Eva.

Pero vivir en esa casa no significaba solamente vivir bajo el mismo techo, compartir la misma mesa y disfrutar de todas las ventajas materiales que ello llevaba implícito. Vivir en la casa de Dios era tener una relación personal con Él, era tener compañerismo, comunión, amistad, trato íntimo con el dueño de la casa. Era tratarse como gente que se conoce mutuamente.

Dios, el dueño de la casa, le dio un mandato especial a la primera pareja. Les prohibió comer de cierto árbol que había en el huerto. Comer de él traería la muerte, esto es, la separación de la presencia y de la casa de Dios. Traería además una ruptura de la amistad entre ambos. Pero Adán y Eva recibieron la visita de uno que se invita solo a las fiestas. Este ser malévolo, enemigo de Dios, puso en entredicho la Palabra del Creador y convenció a Eva, y a través de ella a su esposo para que comieran del fruto de aquel árbol prohibido.

¡Qué tristeza, qué agonía y qué dolor! De pronto Adán y Eva se encontraron desnudos, descubiertos, delante de ellos mismos y de Dios. Y aunque la historia sagrada narra la desnudez física, esta iba más allá. Ellos estaban desnudos de la cobertura misma de Dios. Entonces supieron que vivían todavía y de momento en la casa de Dios, pero Él ya no era su Dios; ellos habían escogido la amistad con el mundo antes que la amistad con Dios. La relación se había cortado; algo los había destituido de la presencia y la gloria del dueño de la casa. Entonces, dice la Biblia, que se hicieron delantales *para cubrirse* cosiendo hojas de higuera.

Déjanos explicarte con más detalle lo que ocurrió ese día. Adán y Eva hicieron lo que todos los seres humanos queremos hacer cuando nos hallamos faltos delante de Dios, cubrir nuestro pecado, nuestra desobediencia y nuestra soberbia por nuestros propios medios, con nuestro propio esfuerzo, y con nuestras propias ideas. A eso le llamamos religión. Religión es el esfuerzo que el ser humano hace para acercarse a Dios y obtener así su favor y su justicia. Por eso te dijimos en un párrafo anterior, que Dios sabía que al ser humano no le iba a servir su religión para reconstruir y reparar su vida.

¿Qué hizo Dios entonces? Lo mismo que quiere hacer contigo y con tu familia. *Dios mismo los cubrió.* Dice el relato bíblico que Dios los cubrió con pieles y los vistió para tapar su desnudez. Aquí hay un simbolismo y una enseñanza muy preciosa. Queremos que la entiendas y le des lugar en tu corazón. La Biblia enseña que uno de los principios de la justicia divina es que «sin derramamiento de sangre, no hay perdón de pecados». Pues bien, ¿qué hizo Dios? Evidentemente sacrificó y derramó la sangre de animales, y con la piel de ellos cubrió a Adán y a su esposa. Las hojas de higuera no le sirvieron a esta pareja. En otras palabras, su religión no les sirvió. La religión de «los higueristas» no funcionó ni en este ni en ningún otro caso. Lo que sirvió para ellos fue lo que Dios hizo.

Es igual en nuestros días para nosotros y para ti, y lo será así por todo el tiempo que dure la humanidad hasta que Cristo venga. Dios permitió que la sangre de su Hijo Jesucristo fuera derramada en una cruz, para que por ella tú y nosotros tuviéramos el perdón de los pecados. Con la misma vida de Jesús, Dios nos cubre con nuevas túnicas, y nos reviste de Cristo para vernos, no por lo que somos y hacemos, sino por lo que Él es e hizo por nosotros. A esto la Biblia lo llama gracia, es decir, un favor, un regalo de Dios que nadie merece, pero aun así Él nos lo da.

Por lo tanto, volvemos a nuestra idea anterior. Dios lo hace todo nuevo en ti. Dios te renueva a ti, renueva a tu familia, renueva tu comunidad, y puede y quiere renovar tu país, para que, finalmente, un día haya «un cielo nuevo y una tierra nueva».

Todo lo que tú tienes que hacer es revestirte de Cristo. Esto es un acto de fe, de confianza, de entrega, de rendición. Todo lo que tienes que hacer sencillamente es clamar, invocar a Jesús. Entonces Él viene, entra en tu corazón, te perdona y olvida todos tus pecados, y te da el privilegio de llamarte hijo de Dios y de comenzar a vivir una vida abundante. Amigo, a esto le llamamos el evangelio.

Si miras alrededor, si miras dentro de ti, si oyes lo que otros dicen, si oyes las voces negativas que resuenan dentro de ti, no lo podrás hacer. Tienes que hacer como Gabriela, nuestra nieta, asegurarte que los brazos de quien te ama, están allí extendidos, esperándote, y que cuantas veces te lances a la piscina, ellos te abrazarán con fuerza, te protegerán, te devolverán a la orilla, y de nuevo te estarán esperando para asirte otra vez. Así es la misericordia y el amor de nuestro

Dios. Él es un padre de familia. Él tiene el corazón de todas las madres y de todos los padres de la tierra. Él tiene un Hijo Amado en quien tiene toda complacencia. Pero Él también tiene una familia de hijos adoptivos, perseverantes, que no se rinden, que no se dejan vencer, y que una y otra vez se arrojan a los brazos del Padre para encontrar misericordia, amor, consuelo, soluciones, propósitos, planes y un futuro brillante de servicio y poder a su lado.

No te rindas, no te dejes vencer. Nosotros y mi hijo y su esposa, no nos dejamos vencer. Nuestros amigos que oraron no se dieron por vencidos. Juntos creímos, juntos confiamos, juntos depositamos en las manos de Dios nuestra esperanza, nuestra fe y nuestras convicciones. Dios hizo el milagro en nuestro nieto.

Sabemos que en muchos casos familias preciosas confrontan durísimas experiencias de pérdida y dolor. Y entonces surge la pregunta: ¿Por qué? Pero Dios siempre es el Dios de volver a empezar. Es igual contigo, Dios hará el milagro de hacerte nacer de nuevo, de volver a comenzar. De reconstruir lo que está roto, de poner esperanza donde ya no la hay. Tú y tu familia lo pueden experimentar, lo pueden ver y lo pueden vivir. No te dejes vencer. El gran secreto está en las palabras de Jesús: «Mas buscad primeramente el Reino de Dios y su justicia, y todas las demás cosas os serán añadidas ... Pedid, y se os dará; buscad, y hallaréis; llamad, y se os abrirá ... Porque al que llama le será abierto ... Pues si vosotros, siendo malos, sabéis dar buenas dádivas a vuestros hijos, ¿cuánto más vuestro Padre que está en los cielos?»

Un árbol en el bosque es más difícil que sea tumbado por el viento de los huracanes porque se sostiene con los demás. Los árboles solos se caen fácilmente. No te des por vencido, júntate a tu familia, únete a los tuyos, únete con tus líderes y con tu iglesia. Todos juntos podemos.

Capítulo quince

Todos juntos podemos

«Nuestra ciudad está en un agujero». Así se expresó el Alcalde de Cali, una urbe de dos millones trescientos mil habitantes, y una de las ciudades más bellas de la República de Colombia y del continente. Y agregó: «Nuestro país no tiene solución», y mirando a los líderes cristianos, dijo «ustedes son los únicos que tienen la solución».

El movimiento *Cali Sos Vos* nació en el corazón del gobierno de esta ciudad. Años atrás fue conocida como «Cali la pachanguera», por la exuberante alegría tropical de su gente. Luego fue reconocida como uno de los principales y más feroces centros de distribución de drogas a nivel mundial. Esto último trajo, por un lado, muchísima prosperidad económica a sus habitantes, pero por otro, muchísima y cruda violencia que hizo que la sangre corriera a raudales por sus calles. Con el descabezamiento del Cartel de Cali, los habitantes de la ciudad entraron a una tercera experiencia que fue de tristeza, depresión, drogadicción, violencia, alcoholismo y corrupción. Una enorme cantidad de hogares estaban destruidos y un veintinueve por ciento de desempleo agobiaba aún más a esta población. *Cali Sos Vos*, junto a la empresa privada, los industriales, el pueblo cristiano, los rectores de universidades, y los medios masivos, entre otros, se lanzó para la recuperación de la ciudad.

El primer paso fue nuestra cruzada *Salvemos la Familia* que llevamos a cabo allí en agosto del 98. El estadio Pascual Guerrero, uno de los más grandes y bellos del continente, estuvo colmado noche tras noche. Encuestas que jóvenes realizaron en las tribunas indicaron que la mitad de los asistentes de cada noche eran personas no vinculadas a iglesias. Además de las concentraciones, la cruzada alcanzó a centenares de miles a través de transmisiones televisivas y radiales en vivo por docenas de emisoras. Usamos la cruzada para reunir ropa, alimentos y medicinas que se distribuyeron gratuitamente a familias necesitadas.

Simultáneamente a las reuniones nocturnas en el estadio, varios auditorios estaban llenos de intercesores orando por los invitados y las familias que habían sido invitadas.

Cali Sos Vos incluyó: 1) Un centro de llamadas con doscientas líneas telefónicas que estuvieron abiertas durante las veinticuatro horas del día para atender las necesidades de la gente. 2) Un enorme grupo de cinco mil cuarenta estudiantes universitarios que visitaron seis veces cuatrocientos ochenta y seis mil hogares de la ciudad. Llevaron seis libritos, uno por mes, presentando valores para la familia. Cada pequeño libro presentó diferentes principios (paz, justicia, honestidad, tolerancia, fidelidad conyugal, integridad, perdón, etc.) y condujo a cada familia a reflexionar sobre el principio dado y le enseñó cómo convertirlo en un valor permanente de la vida.

La Secretaría de Deportes del Gobierno cedió por seis meses gratuitamente el uso de todos los estadios y coliseos. Así que se estuvieron desarrollando conciertos y concentraciones a favor de la familia.

La ciudad estuvo llena de anuncios visibles diciendo: «Jesús ama a Cali» y «Cali ... Sos Vos». Esa misma frase la llevaron impresa en sus camisetas los cinco mil cuarenta universitarios que visitaron los hogares, a la vez que se transmitía continuamente por radio y televisión.

Cali Sos Vos nos pareció uno de los mejores esfuerzos realizados en América Latina y en el mundo.

Es que nadie puede hacerlo por sí solo. El gobierno solo no puede lograr la salud y prosperidad que nuestras familias y ciudades necesitan. La iglesia sola tampoco puede y lo mismo le pasa a la escuela. Pero si todos nos unimos, algo podría suceder en millones de familias y centenares de ciudades. A nosotros nos pareció ver al Señor Jesús caminando en las calles de la ciudad de Cali.

Por eso hacemos un ferviente llamado a los partidos políticos, gobiernos, empresarios, religiosos, educadores, artistas, deportistas, madres y padres de familia, a que nos pongamos de acuerdo y trabajemos juntos para salvar la familia y la ciudad.

La pregunta que ha hecho hervir nuestro espíritu

Cuando éramos muchachos nos gustaba mucho leer. Recordamos que en nuestras manos cayó un precioso libro que marcó nuestras vidas y después, a través de los años, nuestra perspectiva cristiana y eventualmente también nuestro ministerio. El libro fue escrito por un pastor inglés llamado Sheldom, se titula *En Sus Pasos* o *¿Qué Haría Jesús en mi Lugar?*

El libro es una reflexión de la vida cristiana presentado desde la perspectiva de una novela. Recordamos que trata del sueño del pastor de una iglesia cuyos miembros eran de clase media alta, poco comprometidos con las necesidades de la gente que los rodeaba. Diríamos que se trataba de una típica congregación de costumbre dominguera.

El sueño de aquel pastor giraba alrededor de lo que podría suceder en aquella ciudad, si cada miembro de su congregación, antes de tomar cualquier decisión en cualquier circunstancia que se encontrara, se hiciera esta pregunta: «*¿Qué haría Jesús en mi lugar?*»

Un domingo, cuando el culto dominical terminó, el pastor invitó a los que pudieran quedarse para escucharlo. Y a los que así lo hicieron les contó su sueño y los invitó, como un experimento por un tiempo determinado, a poner en práctica aquella hermosa idea. No recordamos si el tiempo escogido fue de uno o dos meses.

Aquel simple reto, aceptado por los miembros de la iglesia, tuvo repercusiones en todos los aspectos de la vida de la ciudad. Por ejemplo, el director de un periódico, antes de publicar cualquier anuncio, se preguntaba: «¿Publicaría Jesús este anuncio promoviendo esta película pornográfica, este vicio malsano, el consumo indiscriminado de alcohol, o anuncios de tabaco?»

Entre otros, un joven de la alta sociedad que se pasaba la vida de club en club y de actividad social en actividad social, empezó a hacerse la misma pregunta: «*¿Qué haría Jesús en mi lugar?*» De pronto, el Espíritu Santo le reveló que estaba despilfarrando su vida y comenzó a cambiarla, ayudando a rescatar a la gente perdida en los barrios más pobres de la ciudad.

Y así, por la decisión de una congregación de dejar la tan acostumbrada rutina religiosa, y asumir con responsabilidad la práctica de Jesús como modelo de vida, comenzó a operarse por toda la ciudad un cambio gracias a la valentía de un hombre, de un líder, de un visionario que se arriesgó a compartir su sueño, y también a la valentía de unos cristianos que se atrevieron a tomar el evangelio en serio.

Nuestro sueño latinoamericano

Cuando cumplimos nuestros treinta y cinco años de casados, nos preguntamos: ¿Qué pasaría si todos nosotros en América Latina nos hiciéramos esa misma pregunta y practicáramos su contenido? ¿Qué haría Jesús en nuestro lugar?

¿Será este sueño nuestro demasiado romántico? ¿Estaremos jugando con una utopía? ¿Será algo imposible de cumplirse, tan irreal, que podría después esconderse en el desván de los sueños nunca cumplidos? Sin duda alguna muchos se encogerán de hombros, diciendo:

- ¡Vamos, Alberto y Noemí! Hay que ser realistas.

- En el mundo actual hay demasiada corrupción, ya se ha pasado la barrera de donde no hay más retorno.

- No se olviden que otros lo han intentado y todo lo que vemos es una cadena de fracasos y frustraciones detrás de ellos.

- No se puede ir en contra de la corriente. El río de la corrupción lleva demasiada agua putrefacta y poderosísima como para detener sus fuerzas ahora.

Pero nosotros nos preguntamos: ¿Tendremos que dejarnos aprisionar y ser aplastados por la vorágine del barro corrupto de nuestro tiempo? O será posible que mujeres, hombres, jóvenes e incluso niños nos sacudamos estas enormes cadenas de opresión, y que de una vez por todas nos pongamos a vivir en contra de esa llamada «corriente del mundo moderno» que muchos consideran normal, y que comencemos a establecer una nueva, clara, transparente y genuina corriente de integridad, de justicia, de pureza, y de amor en el hogar, la escuela, el centro de trabajo, la comunidad y finalmente en el mundo en que vivimos.

¿Qué implicaciones tendría para todos los pueblos del mundo y para todas las familias que el señor presidente, los ministros de estado, los senadores, los diputados, los miembros de las cortes de justicia, los gobernadores, los alcaldes, los líderes gremiales, los educadores, los artistas, los guerrilleros, los comerciantes, los deportistas, y todos en general, nos hiciéramos la pregunta: «*¿Qué haría Jesús en mi lugar?*»

Nosotros creemos con toda la convicción de nuestro espíritu, y lo proclamamos con todas las fuerzas de nuestra alma —vivimos para proclamarlo—, que la solución para la terrible enfermedad que padece el mundo está en que cada ser humano comience a andar detrás de las pisadas de Jesús. Y déjanos decir que esto no es algo romántico, ni idealista, ni matizado de sueños irrealizables. Si cada uno comienza a hacerlo en su propia vida, y lo comunica, lo enseña y lo vive en su hogar, en el seno de su familia, esto sería lo más pragmático, radical y eficaz que pudiéramos hacer con nuestra vida.

Hombres sin preparación, sin cultura, sin tener siquiera títulos o diplomas religiosos, decidieron un día seguir a Jesús, pagaron el precio de ser como Él, lo imitaron y le entregaron toda su lealtad y amor. El resultado fue que todo el mundo conocido fue transformado, hubo un cambio radical en la vida de los individuos, de las familias y de los gobiernos mismos y un avivamiento llenó toda la tierra por muchos años.

Nosotros soñamos con un mundo donde todos seamos iguales, nos veamos como iguales, nos amemos y nos sirvamos unos a otros como iguales: indígenas y blancos, negros y mestizos, mulatos y todos los demás, ricos y pobres, hombres y mujeres. ¡Qué diferente sería nuestro mundo si nosotros nos decidiéramos por el bien, sin esperar que otros, ni los de afuera, ni los de arriba, ni los de la derecha, ni los de la izquierda, ni los de abajo, ni nadie, lo hiciera por nosotros! Nosotros lo sabemos: ¡Sí se puede! y recordamos la frase de alguien que dijo: «Yo sé que podemos, porque Cristo y nosotros juntos somos mayoría».

Nosotros soñamos con un mundo donde nadie se aproveche del débil, sino que el fuerte comparta con el que no lo es, y use su fuerza para defenderlo en lugar de abusarlo. Nosotros soñamos con el hecho de que la explotación hecha por los ricos, por los que están en el poder, por los seudorevolucionarios y aun por muchos religiosos sin conciencia, se acabe. Esto ocurrirá cuando el pueblo abra los ojos y se convierta a un nuevo estilo de vida, el mismo que vivió Jesús de Nazaret.

Nosotros soñamos con un mundo en el que todos acatemos la autoridad de la ley. Donde nadie se crea que por su posición, su cultura, su poder o sus influencias es mayor que ella. Comenzando por aquellos que tienen la responsabilidad de hacerla cumplir y de hacer justicia.

Nosotros soñamos con un mundo en que los esposos paren de engañar a sus parejas, donde los comerciantes dejen de engañar y robar a sus clientes, donde obreros y patrones no se engañen unos a otros, donde los estudiantes no engañen a los maestros, ni los políticos a sus votantes, ni los padres a sus hijos.

Nosotros soñamos con un mundo que deje de girar alrededor de la vanidad del dinero y la acumulación sin uso de bienes. Un mundo que acepte esta realidad de canje y trueque como un medio de supervivencia, pero no como el fin último de todas las cosas.

Nosotros soñamos con un mundo donde el sexo fácil, o el corrupto y el desviado dejen de ser la marca de fábrica de la nueva sociedad autodestructiva que se está creando. Un mundo que acepte esta y otras realidades de la vida trayéndolas de nuevo a la esfera de la intimidad matrimonial, del gozo bendito dado por Dios mismo, y de la procreación de una nueva generación de hombres y mujeres que hagan lo mismo que Jesús haría si estuviera en su lugar. ¡Alberto y Noemí, soñadores, ilusos, esto es imposible! Gritarán muchos por ahí. Pero nosotros nos apresuramos a responderles:

Es imposible solo para los orgullosos que no cuentan con Dios; es imposible para los que no quieren tener fe; es imposible para los pesimistas que nos han construido el mundo en que vivimos; es imposible para los cobardes e incrédulos que no tienen parte con Dios. Jesús dijo: «¿No te he dicho que si crees verás la gloria de Dios?» Para Él, ¡NADA es imposible!

- Entonces, ¿es fácil? No. Nada valioso es fácil.

- ¿Es necesario? Absolutamente, definitivamente. Esto es un deber ineludible para todo aquel, que de corazón y a plena conciencia quiere heredarle a sus hijos un mundo más poderoso, más feliz, más puro y más seguro que el que nos ha tocado a nosotros.

- SOLO DIOS puede construir un mundo nuevo. Él es el labrador que sabe preparar la tierra para la cosecha que Él quiere ver. Nuestro trabajo, incluido el tuyo, es ser sus colaboradores en esta empresa sin precedentes.

- SOLO DIOS puede hacerlo, y puede usarnos, porque Él nos creó y nos conoce a fondo. Conoce las capacidades que nos dio, y también conoce nuestras debilidades. Él conoce hasta nuestros pecados más ocultos.

- SOLO DIOS porque Él es el único que puede redimirnos, limpiarnos y perdonarnos de nuestros pecados. Dios transforma al ser humano de adentro hacia afuera. Él no espera que tú y nosotros hagamos algo para convencerlo de nuestra bondad o méritos. El único que pudo hacer algo para satisfacer las demandas de Dios en cuanto a la justicia por el pecado fue Jesucristo, quien es Dios hecho hombre, y quien al morir en la Cruz del Calvario pagó todas nuestras deudas con Dios. Cuando el ser humano por la fe y el arrepentimiento se entrega a Jesucristo, reconociéndolo como su Señor y Salvador, entonces Dios nos convierte en nuevas criaturas.

• SOLO DIOS porque Él ha prometido bendecir a todo pueblo que declare en palabra, en hecho y en verdad que Dios es su Señor. La redención de Dios, actuando en cada corazón, en cada individuo y en cada familia, trae prosperidad a la comunidad y a toda la nación .

• SOLO DIOS porque la transformación del mundo es parte de su plan eterno; para que cuando venga el fin de la historia toda lengua, toda raza, toda tribu, todo pueblo y toda nación estén representadas delante de su trono, donde Él reinará por los siglos de los siglos.

La independencia económica, la democracia, los sistemas revolucionarios, los sistemas constitucionales, las grandes organizaciones de cooperación internacional, los decretos de Washington, Londres, Moscú, Beijing, Buenos Aires o México, son totalmente insuficientes e incapaces de lograr y de traer prosperidad, libertad y justicia a nuestras naciones.

Tiene que ser establecida primeramente una base profundamente moral, un pacto de obediencia a la Ley Divina manifestada en Cristo a través de su evangelio del reino. Tiene que hacerse un pacto de obediencia a las autoridades establecidas por Dios. Solo así estos mecanismos darán el fruto deseado.

La independencia económica es bendición solo para los obedientes.

La democracia solo sirve para gobernar a un pueblo que se rige por una ley moral, equitativa y justa para todos, porque si no, se convierte en la anarquía y privilegio de las mayorías.

Nosotros te invitamos, amado lector, a que te atrevas a soñar con nosotros. Atrévete a ver un mundo nuevo, no como aquel mundo utópico que nos ofrecen los gastados *slogans* de los políticos, sino un mundo que nace primero en el corazón de cada hogar, y que va creciendo como levadura que fermenta toda la masa, hasta convertirse en el «pan vivo» del que todos pueden comer.

¡Levántate! ¡Ponte sobre tus pies, comienza a trabajar, porque todos juntos sí podemos hacer una diferencia y construir un mundo mejor!

La presencia soberana de Dios en tu vida, esa misma presencia en tu hogar será el elemento vital, incuestionable, que nos dará la victoria y nos permitirá dejar huellas en cada uno de nuestros hogares. Invita a Dios a estar presente todos los días en tu casa, y tú también dejarás huellas para que los tuyos sigan tus pisadas.

La presencia de Dios en la familia

«¿Dónde está la escuela para esposos? ¿Cuál es la dirección de la universidad para padres? Me quiero inscribir en todos los cursos».

Verdad que alguna vez hubieras querido expresar algo así. Cuando uno aprende a ser esposo y esposa, ya el matrimonio envejeció; cuando aprendimos a ser padres, los hijos ya estaban grandes y posiblemente listos a imitar nuestros propios errores.

Estamos conscientes de la diversidad de lectores que han caminado con nosotros estas páginas. Algunos todavía soñando con su «Príncipe Azul» o su «Miss Universo».

Otros apenas iniciando sus propias familias, muchos de edad mediana envueltos en las tempestades que hoy son comunes. Algunos ya mirando que la vela se les termina y no ha habido mucha luz en el seno de sus hogares.

¿Cómo poder sintetizar nuestro sentir para ti, amado lector y amada amiga?

Primero, quisiéramos estar a tu lado y abrazarte y decirte que te amamos y lo más importante, que Dios te ama entrañablemente.

Segundo, que no importa el tamaño de tu angustia, de tu quebranto o desgracia, la misericordia de Dios es muchísimo mayor.

No somos simplistas cuando te decimos que la clave para el éxito familiar es que el hogar esté lleno de la presencia de Dios.

Tu mente, tus emociones, tu cuerpo, tus decisiones, tus relaciones, todo debe estar lleno de su presencia.

Empápate de Dios, llénate de su Palabra, déjate controlar por su Espíritu Santo, sé un discípulo de Jesús, y verás la diferencia.

Las familias cristianas no son perfectas pero tienen el potencial para vivir una vida llena de luz y bendición.

¡Comienza, comienza! ¡Nunca es demasiado tarde! ¡Hay esperanza de una vida mejor!

«Y el Dios de paz que resucitó de los muertos a nuestro Señor Jesucristo, el gran pastor de las ovejas, por la sangre del pacto eterno, os haga aptos en toda obra buena para que hagáis su voluntad, haciendo Él en vosotros lo que es agradable delante de Él por Jesucristo; al cual sea la gloria por los siglos de los siglos. Amén» (Hebreos 13.20-21).